어린이를 사랑한 화가 이중섭

어린이를 사랑한 화가 이중섭

강원희 글

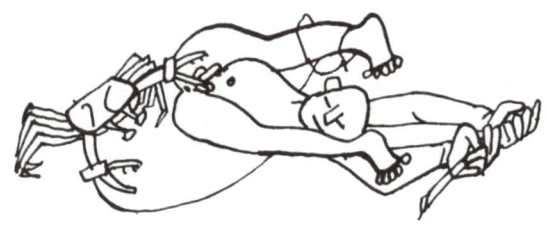

그린애플

어린이 놀이터 같은 그림

　실상 중섭처럼 그림과 인간, 예술과 진실이 일치한 예술가를 이 시대에서 나는 모릅니다. 그는 그와 사귄 모든 사람들에게 티 없고 따뜻한 인정을 베풀었을 뿐 아니라 그 맑고도 그윽한 애정을 짐승이나 물고기, 또는 나무나 풀에 이르기까지 뜨겁게 쏟아서 그것들의 살고 어울리는 모습을 그의 싱싱하고도 힘찬 붓으로 그려 놓았습니다.

　그가 그린 소 그림은 나라를 잃은 어두운 시대에 우리 민족의 정신을 보여 줍니다. 그 시대의 소는 우리 민족에게 가장 친한 동물이기도 했습니다.

　중섭은 참으로 어린이를 사랑했으며 어린이 그림을 많이 남겼습니다.

　어린이와 그들의 마음이 펼치는 세계를 가장 즐기고 사랑하여서 그의 화폭은 마치 어린이 놀이터였다고나 하겠습니다.

하기는 중섭의 인품이 바로 천진, 그것이었습니다. 그러나 그 말을 자칫 유치하고 바보스럽다거나 어질고 착하기만 한 일반적 의미의 선량을 떠올려서는 그의 사람됨과는 거리가 있습니다. 구태여 비교한다면 우리가 성자라고 부르는 인물들에게서 그의 지혜가 수양이나 성격의 온순만에서 온 것이라고 생각지 않듯이 인품도 저런 성질의 것이라고나 할까요?

오직 저 성자들과 중섭과의 삶의 모습과 그 자취가 다른 것은 '진'과 '선' 수행자들은 곧고 바르기만 한 데 비해 '미'의 수행자인 그의 웃음을 떠올릴 만큼 멋들어졌다고나 하겠습니다.

작가의 작품 세계는 나보다 독자들이 이미 잘 알고 더욱 친근하겠기에 삼가거니와 그의 그림자를 쫓으려는 그런 동심이 작가의 작품 세계의 드맑고 드높음을 말해 준다고 믿으면서 저승에 있는 중섭과 함께 이 책의 출판을 반갑고 고맙고 기쁘게 여기며 두 손을 모으는 바입니다.

시인, 이중섭 기념사업회 회장

(故) 구 상

차례

추천사 _ 故 구 상(시인) · 4

이야기를 시작하기 전에 _ 은종이 그림 속의 아이들 · 8

엄마 손은 참 따뜻해 · 13

사과 속에는 한 그루 사과나무가 들어 있지 · 18

마음속에 찍힌 고구려 고분 벽화 · 22

지금쯤 하늘까지 걸어가셨을걸 · 26

루오 그림의 예수 같소 · 33

재떨이 속 방 한가운데 난초가 자라고 있어 · 38

저 사람이 바로 소도둑이에요 · 44

죽음의 바다를 건너서 · 49

하늘나라 가면 심심하니까 길동무하라고 · 54

다시는 네 형과 같은 죽음을 보고 싶지 않다 · 60

이보시오, 당신들도 같은 동포가 아니오 · 64

봄의 아이들 · 68

높고 뚜렷하고 참된 숨결 · 73

아내와 아이들이 남기고 간 바다 · 79

가족들과 함께 보낸 마지막 날들 · 89

낙화암, 낙화암, 왜 말이 없느냐 · 95

소도 비밀 언덕이 있어야 · 103

아이들이 아빠 얼굴을 잊어버리기 전에 · 109

좋은 그림은 산골 농부도 아는 거야 · 120

은종이 그림 철거 소동 · 125

내 그림을 스페인 투우와 비교하다니 · 131

나는 그림을 그린답시고 세상을 속였어 · 137

넌 나를 정신병자라고 믿지 않지? · 143

돌아오지 않는 강 · 147

참, 자넨 대답할 수가 없지 · 153

작가의 말 · 160

이중섭 생애 · 164

이중섭 화가의 그림 · 166

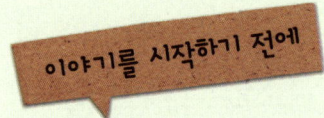

은종이 그림 속의 아이들

파도가 머리맡에 쏴아 밀려와 꿈꾸는 사람들의 이마를 적시는 밤입니다.

달빛이 환하게 창문으로 쏟아집니다. 바람이 불면 잎새를 뒤척이는 은사시나무처럼 눈부신 은종이 그림.

달빛이 그림을 적시자 마술에 걸린 듯 방처럼 네모난 은종이 그림 속의 아이들이 몸이 간지러워 꿈틀거립니다. 사그락사그락 은종이가 구겨지는 소리가 나더니, 그림 속의 아이들이 눈 비비며 하나둘 그림 속에서 빠져나왔습니다.

그림 한 귀퉁이에 그려진 꼬마 게들도 덩달아 아이들을 따라

〈은지 그림〉, 15.4cm×8.8cm, 1950년대
버려진 담뱃갑 은종이에 그린 그림

나왔습니다. 아이들은 바닷가에 그림자를 벗어 두고 벌거숭이가 되어 모래밭을 뒹굴었습니다. 물고기를 껴안고 노는 아이, 게를 실에 매달고 하늘을 보는 아이, 서로 씨름하듯 모래밭을 뒹구는 아이, 갈매기의 등에 타고 나는 아이…….

게들은 아이들의 발가락을 깨물고, 깨물린 아이는 간지러워 깔깔거리며 웃었습니다. 아이들의 몸은 하얀 소금기가 묻어 비늘이 돋은 듯 반짝거렸습니다.

아이들의 몸에서는 짭조름한 하늬바람 냄새가 났습니다. 아이들의 웃음소리가 날개를 단 듯 하늘로 날아올랐습니다. 달님이 서쪽으로 기울자 마술이 풀린 듯 지친 아이들은 몸에 묻어 반짝이는 모래알을 털어 냈습니다.

아이들은 벗어 놓은 그림자를 서둘러 입고 제가 벗어 놓은 그림자와 바뀌지 않았나 서로 확인하면서 살금살금 네모난 은종이 방으로 돌아와 사그락거리며 제가 그려진 몸짓으로 다시 돌아갔습니다.

물고기를 품에 안고 있던 아이는 물고기에게 품을 내주고, 게를 실에 묶은 채 실을 쥐고 있던 아이는 다시 하늘을 보기 위해 팔을 뒤로 엮었습니다.

발가락을 물린 아이는 게에게 발을 내밀었지만 꼬마 게는 발가락을 물 생각이 없는지 멀뚱거리며 쳐다보기만 합니다.

'참, 오른쪽이 아니라 왼쪽 발가락이었지.'

아이가 다시 왼쪽 발을 내밀자 그제서야 꼬마 게가 발가락을 꽉 깨물었습니다.

'아얏!'

모두들 나비의 날갯짓처럼 고요한 몸짓으로 다시 은종이 그림 속으로 들어갔습니다.

새벽달이 지자, 모래밭에 어지럽게 찍힌 아이들의 발자국들은 파도에 씻겨 흔적도 없이 사라졌습니다.

화가 이중섭은 소를 그린 화가로 잘 알려져 있지만 어린이를 많이 그린 화가이기도 합니다. 그는 6·25 전쟁 때 누구나 어렵던 시절, 종이가 없어 버려진 담뱃갑 은종이에 그림을 그렸습니다.

　은종이에 그려진 그림을 보면 우리들도 그림 속의 아이들처럼 벌거벗고 뒹굴고 싶어집니다. 그림 속의 아이들은 보는 이로 하여금 그가 얼마나 어린이들을 사랑했는지 아름다운 힘마저 느끼게 합니다.

　오늘날 남아 있는 그의 그림은 대부분 전쟁 기간과 그 직후에 그려진 그림들입니다. 어려운 시대에도 맑고 빛나는 영혼으로 진정 예술을 사랑하고 어린이들을 사랑했던 그가 바로 화가 이중섭입니다.

일러두기
- 그림 설명은 작품명, 크기, 제작 연도, 소장처 순서입니다. 소장처가 기입되지 않은 그림은 개인 소장품이며, 제작 연도가 확실하지 않은 작품은 표기하지 않았습니다.
- 저작권자와 연락이 닿지 않아 허락을 구하지 못한 일부 그림에 대해서는 확인되는 대로 적법한 절차를 따르겠습니다.
- 이 책은 2011년에 발간된 〈천재 화가 이중섭과 아이들〉 원고를 개정하여 출간하였습니다.

엄마 손은 참 따뜻해

　고구려의 옛 수도인 평양에서 조금 떨어진 평원군 송천리는 바람이 많고 노을이 아름답게 지는 곳이었습니다.
　1916년 9월 16일 송천리의 한 농가에서 갓난아기 울음소리가 들려왔습니다. 대대로 내려온 지주 집안인 이씨 가문에 늦둥이 막내 아기가 태어난 것입니다. 우렁찬 아기 울음소리만 들어도 얼마나 건강한 아기인지 짐작할 수 있었습니다.
　"녀석, 이렇게 목소리가 큰 걸 보니 노래를 잘하겠는걸."
　강보에 싸인 아기를 품에 안아 보며 아버지가 웃으면서 말했습니다. 그 아기가 바로 이중섭이었습니다.

"아버지가 돌아가셨어."

중숙 누나가 말했을 때, 어린 중섭은 아버지가 어느 산모퉁이를 돌아서 가셨는지 알 수 없었습니다.

1919년 3·1 운동이 일어난 이듬해, 나라의 독립을 걱정하던 아버지가 돌아가시자 중섭은 말 없는 유년기를 보내야 했습니다.

아버지의 죽음에 대한 기억은 어린 중섭에게 꽃상여와 그 뒤를 따르던 울긋불긋한 만장의 깃발로만 남아 있었습니다. 어린 중섭은 아버지가 저토록 어여쁜 꽃상여를 타고 산모퉁이를 돌아가셨다면 아마 가신 곳도 그렇게 아름다운 곳이리라는 생각이 들었습니다.

송천리의 하늘에 색색으로 바람에 나부끼던 만장은 중섭의 마음에 뿌리를 알 수 없는 슬픔의 빛깔로 번져 왔습니다. 그 빛깔은 중섭이 어린 시절 처음 경험한 색채에 대한 느낌이었습니다. 그토록 많은 빛깔을 한꺼번에 체험한 어린 중섭은 어지럼증을 느꼈습니다.

아버지의 죽음으로 홀로 된 어머니는 오랫동안 슬픔에 잠겨 있었습니다. 열여섯 살이 된 형 중석과 열한 살 된 중숙 누나, 그리고 다섯 살배기 중섭, 이렇게 세 아이를 데리고 어떻게 살아가야 할지 어머니는 막막하기만 했습니다. 그러나 어머니는

〈꽃과 노란 어린이〉, 25cm×15cm, 1955년

머지않아 시름을 딛고 일어서, 넓은 농토의 소작인들을 직접 다루었습니다. 꽃을 가꾸거나 재래식 과자를 만드는 데 남다른 솜씨가 돋보이던, 여성적인 어머니는 어느새 한 집안의 씩씩한 가장이 되어 살림을 꾸려 갔습니다.

송천리의 한문 사숙에서 〈동몽선습〉, 〈명심보감〉 등 한문을 배우던 중섭은 여덟 살이 되자 학교에 가기 위해 이문리의 외가로 갔습니다.

이문리는 평양에 등을 대고 있는 고장으로 새로운 것과 옛것이 교차하는 개방적인 곳이었습니다. 외갓집은 중섭이 살고 있는 송천리에서 그리 멀지 않았습니다.

송천리에서는 학교가 멀어 중석이 형과 함께 다른 이모네 형제들처럼 이문리의 외가에서 다녀야만 했습니다.

"중섭아, 외갓집에서 학교에 잘 다닐 수 있겠지? 중석 형이 있으니까 잘 보살펴 줄 거야."

엄마는 유난히 수줍음이 많은 어린 중섭을 떼어 놓자니 걱정이 앞섰습니다.

엄마의 말에 중섭이 고개를 끄덕였습니다. 중섭은 무슨 일이든 도리질을 하는 법이 없었습니다. 그것은 무슨 일이든지 긍정적인 생각을 하는 중섭의 몸에 밴 버릇이기도 했습니다.

어머니의 손은 옛날처럼 꽃을 가꾸고 과자나 만드는 고운 손이 아니었습니다. 중섭은 어머니의 손을 잡고 저 멀리 보이는 외갓집을 향해 말없이 걸었습니다.

"중섭아, 운동화 끈이 풀렸구나! 이젠 혼자 맬 줄 알아야지."

엄마가 먼 길을 걸어 먼지투성이가 된 중섭의 신발을 보고 말했습니다.

"어느새 바람이 풀어 놓았네."

중섭이 혼잣말을 하듯이 말했습니다. 그러면서 중섭은 엄마 손을 놓고 잠시 발걸음을 멈추어 바람이 풀어 놓은 운동화 끈을 다시 조여 맸습니다.

중섭은 운동화 끈이 풀어진 걸 모르진 않았지만 엄마 손을 놓기가 싫어 그냥 모른 체 걸었던 것이었습니다.

엄마는 늘 바쁘기만 해, 중섭은 참 오랜만에 엄마 손을 잡아 보았습니다. 엄마 손은 예전처럼 부드럽지는 않았지만 따스함이 전해졌습니다. 머지않아 엄마와 곧 헤어질 걸 생각하니 중섭은 엄마 손을 놓고 싶지 않았습니다.

"엄마 손은 참 따뜻해."

중섭이 엄마 손을 뺨에 대며 말했습니다.

사과 속에는 한 그루 사과나무가 들어 있지

송천리에서 여덟 살까지 엄마 품에서 지내던 중섭은 이문리 외가에서 가까운 종로 공립보통학교에 입학했습니다.

또래인 이종 형 이광석과 한 반이 되었습니다. 같은 학년에 뒷날 화가가 된 김병기와 시인이 된 양명문, 소설가가 된 김이석, 황순원이 있었습니다.

이종 형제들 틈에서 중섭은 시골뜨기라고 놀림을 당하면서 늘 외톨이로 지냈습니다. 중석 형은 중섭과 11년이나 차이가 나, 형이라기보다는 아버지 같은 존재였습니다.

어느 날 중섭이 담벽에 기대어 혼자 우는 것을 광석이가 보앉습니다.

"중섭아, 너 왜 우니?"

중섭은 말없이 훌쩍거리기만 했습니다.

"형한테 혼났니?"

"응, 하지만 형이 나 때문에 속상할까 봐, 그래서 우는 거야."

중석 형은 중섭이 엄마가 보고 싶어 어쩌다 눈물을 보이면, "남자는 평생 세 번 운다는 말도 몰라? 태어났을 때 한 번, 부모님이 돌아가셨을 때 한 번, 그리고 나라를 잃었을 때 한 번, 사내가 그깟 일로 눈물을 보이다니……." 하면서 따끔하게 꾸짖곤 했습니다.

중섭은 한 번도 형의 말을 거역하거나 대든 적이 없었습니다. 할아버지의 성격을 타고난 형은 무슨 일이든지 적극적이며 친구들도 많았습니다. 방학 숙제로 곤충 채집을 할 때에도 형은 여러 종류의 곤충들을 잡아 분류해 표본을 했습니다.

그러나 중섭은 형의 그림자를 따라다니며 어쩌다가 나비가 꽃에 앉으면 날아갈 때까지 관찰하곤 했습니다. 꽃방석 위에 앉아 숨 쉬듯 움직이는 나비의 날개 빛깔은 어린 중섭에게 무지개를 처음 보았을 때처럼 가슴을 두근거리게 했습니다.

"중섭아, 너 빨리 오지 않고 뭐 하니?"

"알았어, 형. 곧 갈게."

형이 재촉하면 그제야 중섭은 형의 뒤를 따라가곤 했습니다.

외할머니는 가끔씩 외손주들에게 사과를 한 개씩 나누어 주곤 했습니다. 다른 이종 형제들은 나누어 주기가 무섭게 누가 빼앗아 먹기라도 하듯 재빨리 먹곤 했습니다. 그러나 중섭은 그토록 빨갛게 잘 익은 사과를 한입에 덥석 베어 물 수가 없었습니다. 작고 가냘픈 사과꽃 한 송이가 이토록 튼실한 열매를 맺다니 참으로 놀랍기만 했습니다.

"중섭아, 넌 왜 사과를 먹지 않니?"

광석이가 물으면 중섭은 집 모퉁이에 가서 사과를 손바닥에 얹어 놓고 연필로 사과 그림을 그렸습니다.

"사과 속에는 한 그루 사과나무가 들어 있지."

중섭이 사과를 실물 크기로 그리면서 혼잣말을 하듯 말했습니다.

"중섭아, 사과 씨앗은 셀 수 있어도 사과 속에 몇 그루 나무가 숨어 있는지는 아무도 알 수 없단다."

〈개구리와 어린이〉, 연도 미상

마음 속에 찍힌
고구려 고분 벽화

 이문리 외가 근처에는 평양 권번에 소리를 배우러 다니는 꼬마 기생들이 있었습니다. 짙은 화장을 한 꼬마 기생들은 중섭의 또래이거나 한두 살 위였습니다.
 꼬마 기생들은 유년기의 개구쟁이 아이들에게 까닭 없는 설렘과 호기심을 불러일으켰습니다.
 중섭과 광석은 꼬마 기생들이 오는 길목에 숨어서 꽃처럼 어여쁜 그 아이들의 모습을 몰래 지켜보곤 했습니다. 꼬마 기생들이 입은 옷들은 나비나 잠자리 날개들처럼 화려하고 아름다웠습니다.

게다가 복숭앗빛 뽀얀 살결에 칠한 분 향기는 산들바람에 실려 와 솔숲에 숨어 있는 중섭과 광석의 코끝에도 묻어났습니다. 어여쁜 그 아이들의 모습을 훔쳐보면서 중섭은 또 한 번 빛깔에 대한 아름다움을 느끼게 되었습니다.

"못 가!"

광석이가 길을 가로막고 꼬마 기생들을 지나가지 못하게 했습니다.

"보내 줘. 그러지 않으면 우리 오빠한테 이를 테야."

"이를 테면 일러 봐. 너희들 오빠들은 다 우리 친구들인걸."

광석이가 말했습니다.

"보내 줘."

꼬마 기생들이 울먹이면서 말했습니다. 어리광 섞인 그 울먹임에는 연한 봄의 숨결이 묻어 있었습니다.

"보내 주자."

광석과 함께 길을 막고 섰던 중섭이 꼬마 기생들이 울음을 터뜨릴까 봐, 허수아비처럼 벌린 팔을 내리곤 얼른 비켜섰습니다.

눈물이 나면 꼬마 기생들의 복숭앗빛 뺨이 얼룩질까 봐 중섭은 더럭 겁이 났습니다. 중섭은 여자를 울리는 것은 죄를 짓는 것만 같아 마음이 편치 않았습니다.

그 놀이가 시들해지면 중섭과 광석은 다른 놀이를 찾았습니다. 대동공원에서 자치기를 하거나 보통강 가에서 진흙으로 사람이나 동물 모양의 형상을 빚기도 했습니다.

4학년이 되자 또래보다 키가 큰 중섭은 학교 대표 단거리 육상 선수로 뽑혔습니다. 고구려의 기상이 깃든 바람이 키워 낸 아이처럼 중섭은 누구보다 빨리 달렸습니다. 그래서 그런지 중섭의 운동화 끈은 늘 풀어져 있었습니다.

중섭이 그림에 대한 소질을 보인 것도 그 무렵이었습니다. 옛 고구려의 수도인 평양에는 유적지가 많았습니다. 유적지로 소풍을 가서 고구려의 옛 무덤 속을 둘러보게 된 중섭은 마술에 걸린 듯 충격을 받았습니다. 무덤 속의 벽화는 중섭의 마음을 사로잡았습니다.

중섭은 무덤 속의 벽화를 만나기 위해 혼자 그곳에 가곤 했습니다. 천 년을 견디어 낸 고구려 무덤 속의 그림들은 꿈틀거리며 중섭의 마음속에 판화처럼 찍혔습니다. 꿈을 꾸면 벽화 속의 그림들이 빠져나와 중섭과 함께 놀며 뒹굴었습니다.

무용총의 수렵도, 고구려 고분 벽화

지금쯤 하늘까지 걸어가셨을걸

　초등학교를 졸업한 중섭은 평북 정주에 있는 오산학교에 입학했습니다. 오산학교는 3·1운동 때 민족 대표 33인 가운데 한 사람인 남강 이승훈이 설립한 학교였습니다.
　입학식 날, 운동장 한곳에 세워진 이승훈 선생의 동상은 참으로 특이해 첫날부터 중섭의 마음을 끌었습니다. 보통의 동상은 부동자세로 서 있는 것에 비해 설립자의 동상은 씩씩하게 걸어가는 모습이었습니다.
　"이분이 누구인지 알고 있나?"
　선생님 한 분이 중섭의 어깨 위에 가만히 손을 얹으며 물었습니다.

"네, 오산학교를 설립하신 이승훈 선생이십니다. 그런데 보통의 동상은 차렷 자세로 서 있는 것에 비해 걸어가는 모습이 참 특별하다는 생각이 들어요."

"하하, 그렇게 생각하나? 실은 동상을 만든다니까 남강 선생께서 반대하셨지. 그런데 자꾸 조르는 바람에 그러면 서 있는 모습 말고 걸어가는 모습으로 만들어 달라고 부탁하셨지. 아마 저 걸음으로 지금쯤 하늘까지 걸어가셨을걸."

그렇게 말씀하신 그분은 바로 함석헌 선생이었습니다. 당시 국사 선생이던 함석헌 선생은 중학생들의 가슴에 민족혼의 불을 지폈습니다. 오산학교는 교장이던 고당 조만식 선생을 비롯해 선각자들의 민족의식을 바탕으로 하는 배움터였습니다.

1930년 중섭이 입학하던 그해, 화가 임용련과 백남순 부부가 오산학교에 교사로 부임해 왔습니다. 미국에서 시카고 미술대학을 마친 임용련은 예일대학 미술과에 들어가 수석으로 졸업해, 그 상으로 1년간 유럽을 여행하게 되었습니다.

영국, 독일, 벨기에, 스페인, 이탈리아를 거쳐 파리에 도착해 살롱 데 자르티스트 프랑세에 〈아름다운 여인상〉을 출품해 입상을 하기도 한 유능한 화가였습니다.

임용련은 파리에서 유학 중이던 여류 화가 백남순을 만나 결혼한 후, 귀국해 이들 부부가 처음 부임한 곳이 바로 오산학교였습니다. 임용련은 오산학교에서 미술과 영어를 가르쳤습니다.

매주 토요일이면 임용련 선생은 학생들을 데리고 들판으로 나가 그림을 그리게 했습니다. 체에 걸러진 듯 들판에 투명하게 쏟아지는 빛 속의 사물들은 실내에서 그림을 그릴 때보다 색다른 경험을 안겨 주었습니다.

중섭이 들판의 소를 처음 관찰하게 된 것도 바로 이 무렵이었습니다. 고향인 송천리나 이문리에서도 소를 보지 못한 것은 아니었지만 하나의 사물로 받아들이기 시작한 건 처음이었습니다. 중섭은 소의 뿔이나 다리, 꼬리 등 처음에는 소를 부분적으로 스케치했습니다.

중섭의 스케치북을 본 친구가 말했습니다.

"꼬리곰탕이 먹고 싶어서 소 꼬랑지를 그린 건 아니겠지?"

"소를 보면 어쩐지 친구처럼 다정하게 느껴져."

중섭은 소를 그리기 위해 들판을 쏘다녔습니다. 친구들은 중섭을 '소와 뽀뽀한 아이'라고 놀려 댔습니다.

그 무렵 일제의 국어 말살 정책으로 학교에서 우리말은 물론 우리글도 쓰지 못하게 강요했습니다.

〈황소〉, 1950년대

"이러다가 우리말이 아주 사라지고 마는 건 아니겠지?"

중섭은 한방을 쓰던 친구 김창복에게 걱정스럽게 물었습니다.

"우리말과 글을 못 쓰게 하는 것은 민족혼을 말살시키고자 하는 의도가 아니고 무엇이겠어."

창복이 분노를 삼키며 말했습니다.

"우리글을 잃지 않으려면 그림으로라도 남겨 둬야 해. 언젠가는 우리글로 글을 쓰고 우리말로 말을 하는 시대가 올 거야."

그때부터 중섭은 한글 자모를 그림으로 표현해 그리기 시작했습니다. 그 이후, 중섭은 죽을 때까지 자기의 그림에 'ㅈㅜㅇㅅㅓㅂ'이라는 풀어쓰기 한글 외에 영문이나 다른 글로 사인을 한 적이 없습니다.

우리말과 글을 빼앗기고 우리 이름조차 일본 이름으로 바꿔야 하는 그 시대에 한글로 이름을 표기한다는 것은 참으로 용기가 필요했습니다.

"우리 반에 장래 화가가 될 만한 친구가 있어요."

임용련 선생은 중섭을 장래의 화가로 약속된 친구라고 아내인 백남순에게 말했습니다.

"타잔이란 별명을 가진 이중섭 학생 말이죠?"

정물을 가르치는 백남순의 눈에도 중섭의 그림은 돋보였습니다.

"하하, 중섭이 별명이 타잔이란 말이오?"

"반 친구들이 모두들 그렇게 부르던걸요. 게다가 소와 뽀뽀 했다는 소문을 듣고 어찌나 웃음이 나던지……."

"하하하, 소와 뽀뽀를 했다고? 그림을 그리려면 사물에 대한 그 정도 사랑은 있어야 하지 않겠소?"

그때부터 중섭은 화가의 꿈을 다지게 되었습니다.

중섭이 태어나서 처음 커피를 마셔 본 것도 임용련 선생님의 집에서였습니다. 중섭은 수업이 끝나고 나면, 그동안 연습했던 그림을 가지고 임용련 선생님 댁을 방문하곤 했습니다.

"중섭아, 전쟁으로 세상이 시끄러워 파리로는 가기 어려우니 네가 일본에 가서라도 미술 공부를 할 수 있었으면 해. 그러나 어딜 가더라도 조선인임을 잊지 말아야 한다. 지금은 비록 나라를 빼앗겼지만 예술가가 예술 활동을 마음 놓고 하려면 조국이 있어야 해. 조선의 혼마저 잃는다면 아무것도 이룰 수 없어."

졸업할 무렵 임용련 선생님이 중섭에게 당부했습니다. 중섭은 졸업 앨범에 일본 쪽에서 한반도로 불덩이가 날아드는 그림으로 물의를 일으켜, 끝내 그 앨범은 출간되지 못했습니다.

1936년, 중섭은 오산학교를 졸업하자 고향으로 돌아왔습니다. 어머니와 형은 고향 집을 정리해 원산으로 이사했습니다.

일본 척식대학 상과를 졸업한 형이 동일은행 원산 지점에 근무하게 되었습니다. 그러나 얼마 뒤, 형 중석은 조선인을 차별하던 일본인 동료를 때린 사건으로 은행을 그만두게 되고 원산에서 가장 큰 '백두백화점'을 차렸습니다. 그 당시 중섭이 사는 집은 석왕사라는 절보다 더 큰 집이라고 친구들이 말했습니다.

"중섭아, 너도 이제 졸업을 했으니 형이 하는 사업을 함께 하자꾸나. 넌 음악에도 소질이 있으니 레코드를 함께 취급하는 악기점을 맡도록 하는 게 어떻겠니?"

형이 중섭에게 부탁하듯이 말했습니다.

그 무렵 중섭은 방학이 되면 집에 와 고전 음악에 심취해 있었습니다. 하지만 중섭의 마음속엔 이미 그림 공부를 해야겠다는 결심이 뿌리 깊게 자리 잡고 있었습니다.

"형은 사업에 소질이 있지만 나와는 거리가 멀어. 난 동경에 가서 그림 공부를 하고 싶어."

중섭의 말에 형은 한참 동안 말이 없었습니다. 만일 아버지와도 다름없는 형이 말린다면 중섭은 말없이 받아들여야만 했습니다.

"좋아, 네 뜻이 정 그렇다면 네가 하고 싶은 대로 하거라."

루오 그림의 예수 같소

1936년 중섭은 현해탄을 건너 동경으로 갔습니다. 동경제국 미술학교에 다니던 중섭은 이듬해 문화학원 미술과로 옮겨 다시 입학했습니다.

문화학원은 학생들에게 자유로운 분위기 속에서 창조력을 길러 주는 학교였습니다. 문화학원에는 훗날 화가로 활약한 유영국, 문학수 그리고 보통학교 동창인 김병기가 상급반에 있었습니다.

중섭은 길상사 공원 근처 아파트에 방을 빌려 자취를 했습니다. 중섭은 옷이나 생활 도구 등 주변의 물건을 자신의 취향에 맞추어 사용하는 버릇이 있었습니다.

그 시절 중섭은 긴 코트의 아랫 부분을 짧게 잘라 반코트를 만들어 입고 다녔습니다. 잘라 낸 천 조각은 커다란 주머니를 만들어 그 속에 손수 만든 담배 파이프 등 잡다한 물건들을 넣고 다녔습니다. 친구들은 짧은 코트에 마도로스 모자를 쓴 중섭을 허자비(허수아비)라고 불렀습니다.

"중섭이가 노란 수염 달고 허자비가 되어 왔소다래."

하면서 중섭은 나라를 잃은 그 어두운 시대의 친구들을 미소 짓게 했습니다.

중섭은 일본 사람들 앞에서도 일본말을 잘 하지 않았습니다.

"우리말이 속으로 운단 말이야."

그러면서 중섭은 일본 사람들 앞에서도 어느 자리에서건 거침없이 우리 노래를 불렀습니다.

훗날 절친한 친구가 된 시인 구상을 만난 것도 바로 그 무렵이었습니다. 구상은 일본대학 종교과에 다니고 있었습니다. 두 사람은 고원사 옆, 르네상스 카페에서 처음 만났습니다. 건장한 모습의 중섭은 어딘지 모르게 기품이 있었고 소년처럼 수수한 미소를 짓고 있었으며, 무언가 응시하는 듯한 눈에는 불타는 빛이 서려 있었습니다.

"루오의 예수 같소."

구상이 중섭을 처음 보자 이렇게 말했습니다.

"바로 당신이 그렇소."

중섭이 손을 내밀어 악수를 하며 말했습니다.

두 사람은 만나자마자 서로 마음이 통해 중섭은 자신의 아파트로 구상을 데리고 갔습니다. 다다미 석 장이 깔린 방에 스케치, 데생, 크로키, 에스키스 등으로 천장까지 꽉 차 있는 것을 보고 구상은 놀라움을 금치 못했습니다.

마치 그는 무한한 매장량을 지닌 광맥의 거대한 산과도 같았습니다. 산더미처럼 쌓인 그림들을 보자 구상은 중섭의 그림에서 보여지는 힘찬 선이 결코 우연의 소산이 아님을 깨닫게 되었습니다.

중섭은 물을 만난 물고기처럼 문화학원에서 마음껏 창조적인 자유를 누렸습니다. 문화학원에 루오가 나타났다는 소문이 떠돌았는데 그가 곧 이중섭이었습니다. 중섭의 그림에는 루오의 그림처럼 힘찬 선이 꿈틀거렸습니다.

그 당시 많은 학생들이 그러했듯이 루오와 피카소는 젊은이들의 우상이었습니다.

"자넨 왜 피카소를 흉내 내지?"

조르주 루오, 〈수난〉-모욕 당하는 예수 그리스도, 1949년, 퐁피두 센터 소장

야마시다 교수가 중섭의 데생을 보고 말했습니다.

"이 모든 것들이 피카소를 흉내 낸 그림이란 말입니까?"

화가 난 중섭이 그동안 그려 온 수십 장의 그림들을 야마시다 교수에게 보여 주면서 말했습니다. 중섭의 그림을 본 야마시다 교수는 할 말을 잃었습니다. 중섭의 그림은 고구려 벽화에서 느낄 수 있는 힘찬 선을 되살리고 있었습니다.

그 무렵, 문화학원에 파리에서 온 쓰다 교수가 부임해 왔습니다. 쓰다 교수는 고양이 그림을 그리는 이름난 화가였습니다.

"이 시대의 진정한 화가는 그림만 그리는 게 아니라 제 나라의 전통과 얼을 되살릴 줄 알아야 해."

조선의 고미술에 관해 깊은 애정과 관심을 갖고 있던 쓰다 교수는 중섭과 한국의 고미술에 대해 많은 이야기를 나누었습니다.

"조선의 고미술은 일본이 당해 낼 수 없지."

쓰다 교수는 입버릇처럼 말했습니다.

중섭은 쓰다 교수에게 그동안 그린 그림들을 보여 주었습니다.

"정말 대단하군. 그림 한 장 한 장이 장차 훌륭한 벽화가 될 만한 작품일세!"

중섭의 그림을 찬찬히 훑어본 쓰다 교수는 찬사를 아끼지 않았습니다.

재떨이 속 방 한가운데
난초가 자라고 있어

　문화학원은 예술의 도시 파리로 떠나는 꿈을 지닌 젊은이들의 대합실과도 같았습니다. 임용련 선생에게 보내는 편지에 썼듯이 중섭도 파리에 갈 꿈을 키우고 있었습니다.
　문화학원 2년 후배인 야마모토 마사코도 파리에 가기 위해 불어를 배우고 있었습니다. 쉬는 시간이면 운동장에서 남학생들이 배구를 하곤 했는데 그중에서 빗살무늬 토기의 그림처럼 머리를 단정하게 빗어 올린 키 크고 잘생긴 남학생 하나가 마사코의 눈에 띄었습니다. 마사코는 처음엔 그가 한국인이라는 사실도 몰랐습니다. 문화학원 여학생이라면 중섭에게 관심이

쏠리지 않을 수가 없었습니다.

수줍음이 많은 중섭은 여학생들 앞을 지날 때면 머쓱해져서 마라톤을 하는 흉내를 내면서 그 앞을 지나가곤 했습니다. 중섭과 마사코는 실기 수업이 끝나고 붓을 빨기 위해 우연히 수돗가에서 처음 만났습니다. 수돗가 주변에는 두 사람의 그림자 외엔 아무도 없었습니다.

"그림 그리는 건 좋지만 붓 빠는 건 재미없네요."

중섭이 쑥스러운 듯 정작 마사코에게는 눈길을 주지 않고, 그녀의 그림자에게 말을 걸듯 시선을 비껴 두며 말했습니다.

중섭의 말에 마사코가 낮달처럼 수줍게 미소를 지었습니다.

그 후, 두 사람은 자주 만나게 되었습니다. 당시 문화학원에는 이씨 성을 가진 한국인이 셋 있었습니다. 그들을 구별하기 위해 늘 머릿기름을 발랐던 데까리(반짝인다는 뜻), 몸집이 작은 지비리(작다는 뜻), 그리고 중섭이 턱이 좀 긴 편이어서 아고리(턱이라는 뜻)라고 불렀습니다.

중섭의 아파트에 찾아가 보면 재떨이 속처럼 어지럽혀진 방은 발디딜 틈도 없었습니다. 정글처럼 어지러운 그 방은 작업을 하기엔 정돈된 공간보다 자유롭고 풍요로운 공간이었습니다. 그 가운데서도 난초가 싱싱하게 자라고 있어, 역시 작은 풀 한 포기라도 소중히 여기는 '아고리' 상다운 데가 있다고 했습니다.

"난초는 아주 성미가 까다로워 담배 연기를 아주 싫어해요."

중섭은 여전히 담배에 불을 붙이면서 말했습니다.

"그 점은 저를 닮았네요."

마사코가 미소 지으며 말했습니다.

"하지만 난초가 좋아하는 게 있어요."

"그게 뭐죠? 물인가요? 아님 빗소리?"

"휘파람을 좋아해요. 내가 휘파람을 불면서 그림을 그리면 당나귀 귀처럼 축 늘어져 있던 난초 잎이 다시 힘을 얻지요."

그러면서 중섭은 마치 귀여운 강아지를 부르듯 '휘-' 하고 휘파람을 한번 불어 보였습니다. 마사코는 그 말이 믿기지 않았지만 미소를 지었습니다.

"식물에게 모차르트 음악을 들려주면 잘 자란다는 말은 신문 기사에서 읽은 적이 있어요."

"난초에게도 마음이 있어 내가 보살펴 주지 않으면 토라져서 물을 줘도 반응을 보이지 않아요."

"식물에게도 마음이 있는 게 정말일까요?"

"그렇고말고요. 우리나라의 간지럼 나무는 간지럼을 태우면 잎이 흔들리는걸요."

중섭의 말에 마사코가 손을 입으로 가져가며 소리 내어 웃었습니다. 늘 예의 바르고 자기가 키우는 작은 꽃 한 포기도 가족처럼 여기는 중섭의 따뜻한 마음씨가 마사코는 좋았습니다.

중섭은 마사코와 자주 만나 이야기를 나누었습니다. 마사코는 아들이 없는 집안의 네 딸 중 셋째 딸이었습니다. 남자 형제가 없는 터라 마사코는 중섭을 오빠처럼 따랐습니다. 자주 만나게 되자, 두 사람은 어느새 가까운 사이가 되어 문화학원에서 빛과 그림자로 소문이 났습니다.

기모노에 게다를 신은 마사코가 발을 다쳤을 때, 중섭이 발가락을 치료해 준 적도 있었습니다. 훗날, 중섭이 아내가 된 마사코에게 편지를 쓸 때 '발가락 군'이라고 쓴 것은 바로 이런 연유에서였습니다.

마사코의 집안은 일본에서는 드물게 카톨릭 가정의 개방적인 분위기였습니다. 따라서 마사코가 한국인과 사귀고 있다는 것도 집안에서는 별 문제가 되지 않았습니다.

그러나 그 시대에는 한국인의 눈에 한국인과 일본인이 사귀는 게 고와 보이지 않는 것처럼 일본인들 또한 그런 사이를 고운 시선으로 보는 사람이 드물었습니다. 그러므로 중섭으로서는 마사코에게 장래를 약속할 수가 없었습니다.

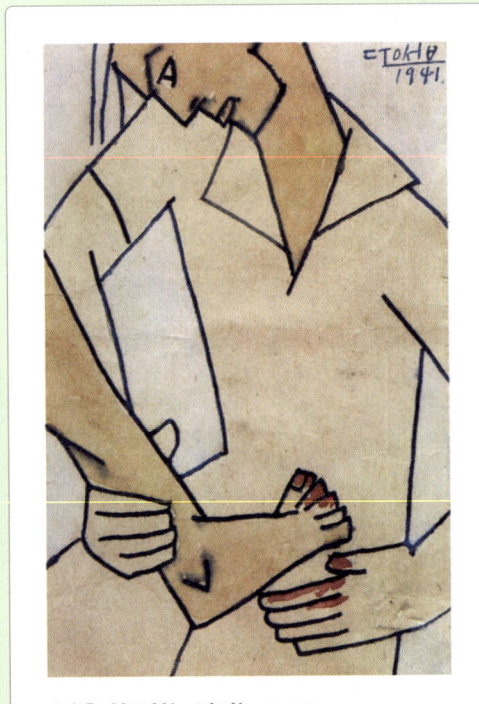

〈발을 치료하는 남자〉, 1941년

  1940년 중섭은 자유미술가협회에 〈소와 소녀〉를 출품해 협회장상을 수상하게 되었습니다. 요미우리 신문 문화면에 작품에 대한 기사가 실렸는데 당시로서는 일본의 3대 신문 중 하나가 학생 작품을 크게 기사화하는 일은 드문 일이었습니다.

  '그의 그림은 옛 신비 속에서 생생한 악마가 꿈틀거리는 환

각적인 신화를 묘사하고 있으며 소품이지만 큰 배경을 느끼게 한다.'

일본의 한 미술 평론가는 중섭의 그림을 이렇게 평했습니다.

문화학원을 졸업한 후에도 중섭은 동경에 머물면서 1943년 〈망월〉을 출품해 최고상인 태양상을 수상하였습니다. 그 상으로 방패처럼 커다란 팔레트를 선물로 받았습니다. 그 그림은 일제 시대 조선의 현실을 상징적으로 표현한 작품으로 작가의 저항 정신을 읽을 수 있습니다.

태평양 전쟁이 치열해지자 중섭은 그토록 바라던 프랑스 유학의 꿈을 포기할 수밖에 없었습니다. 중섭은 마사코에게 키우던 난초를 부탁하면서 이별의 슬픔을 나누었습니다. 마사코가 헤어질 때 흘린 눈물은 난초를 촉촉이 적시고도 남았습니다.

중섭은 동경을 떠나 어머니가 계신 원산으로 돌아왔습니다.

저 사람이 바로 소도둑이에요

 원산으로 돌아온 중섭은 광석동 창고를 손수 고쳐 화실을 만들었습니다. 창고 화실에서 중섭은 그림 그리기에 몰두했습니다.
 "영진아, 목탄하고 중국 빵 좀 사다 주련?"
 중석 형의 아들인 조카 영진은 삼촌인 중섭이 그림을 그리다가 배가 고파지면 빵을 먹기 위해 그런 심부름을 시키나 보다고 생각했습니다. 중섭은 빵 조각을 뜯어 목탄으로 그린 그림을 지우거나 문질렀습니다. 그 덕분에 영진은 삼촌의 심부름을 해 준 대가로 중국 빵을 얻어먹곤 했습니다.
 마사코에게서 편지가 오면 중섭은 엽서에 그림을 그려 답장을 보냈습니다. 엽서에 쓴 글씨가 마음에 들지 않으면 마음에 들 때까지 몇 번이고 다시 쓰곤 했습니다.

"삼촌은 나무꾼과 선녀 같아요. 선녀에게 편지를 쓰기 위해 저토록 많은 종이를 낭비하다니……."

"하하, 내가 나무꾼이란 말이냐?"

"그렇지 않고요. 종이는 나무로 만들어지니까 삼촌이 버린 종이는 푸른 나무 몇 그루쯤 벤 거나 다름없어요. 나무꾼처럼 말이에요."

"그러고 보니 그렇구나. 앞으로는 나무를 아끼는 나무꾼이 되도록 하마."

중섭의 화실 벽에는 '마음 한없이 고요하여라. 그 위에 향기로운 일감이 오다'라는 글귀가 적혀 있었습니다.

새벽빛이 새파랗게 문살에 차오르면 중섭은 날마다 광석동 뒷산에 올라갔습니다. 어느 때는 조카 영진을 데리고 가기도 했습니다.

"영진아, 저 새벽하늘을 좀 보렴. 저것이 우리 하늘이야. 어느 시인이 그랬지. 나라가 없어도 산하는 있다고 말이야."

새벽의 들판은 날마다 다른 빛깔로 중섭에게 다가왔습니다. 그 빛은 오랫동안 떠나 있던 중섭을 고향의 품으로 거둬들였습니다.

중섭은 송도원 들판에서 풀을 뜯는 소를 다시 관찰했습니다. 일본 유학을 하는 동안 오랫동안 가까이할 수 없었던 반가운 소재였습니다. 농촌에서 일하는 소는 우리 민족의 정서를 상징하는 것으로 중섭에게 또다시 커다란 소재로 다가왔습니다.

중섭은 소를 통해 자신의 감정은 물론 소로 상징되는 민족 정신을 표현하고자 했습니다. 중섭은 무엇보다 화가는 자신이 체험하고 본 것을 세상에 그림으로 돌려줘야 한다고 생각했습니다.

"순한 소가 저토록 힘이 센 것은 햇살이 가득 묻은 풀을 뜯어먹기 때문일 거야. 그러니까 저렇게 큰 몸집을 지탱할 수 있겠지."

중섭은 종일 소를 관찰하다가 스케치를 할 때도 있었지만 저물녘이면 그냥 돌아오기도 했습니다. 중섭은 사물을 보면 천수보살처럼 천 개의 손으로 쓰다듬듯 그렇게 어루만졌습니다.

그날도 중섭은 종일 들판의 소를 보고 있었습니다. 소의 등을 쓰다듬으면서 꼬리를 만져 보기도 했습니다. 그래도 소에 대한 형상이 가까이 다가오지 않으면 물구나무를 서 거꾸로 보기도 했습니다. 그러면 푸른 들판은 하늘이 되고 초생달처럼 거꾸로 솟은 뿔 아래 흰 구름이 두둥실 흘러 소는 마치 구름을 천천히 씹고 있는 것만 같았습니다.

〈흰 소〉, 30cm×41.7cm, 1954년

   소는 솔방울처럼 커다란 눈을 순하게 껌벅이면서 제 주변을 맴도는 중섭의 모습을 이상한 듯 바라보았습니다.
   "바로 저 사람이에요. 저 사람이 바로 소 도둑이에요. 날마다 우리 집 소를 넘보고 있었다고요."
   한 농부가 며칠 동안 지켜보다가 중섭을 소도둑이라고 신고해 순사를 데리고 왔습니다.
   "저는 소도둑이 아닙니다. 다만……."
   중섭이 아무리 설명을 해도 소 주인은 믿지 않았습니다.

"소도둑이 아니라면 왜 날마다 우리 소를 보고 있었던 거요? 당신의 수상한 행동은 이미 송도원에 소문이 파다해 소를 도둑맞을까 봐 모두들 신경이 곤두서 있다는 걸 모르오?"

"일단 함께 가 주셔야 하겠습니다."

순사의 말에 중섭은 어이가 없어 웃음밖에 나오지 않았습니다.

"자넨 중석이 동생 아닌가? 일본에 그림 공부하러 갔다더니 공부는 다 마치고 온 겐가?"

그때 지나가던 동네 어른이 중섭을 보고 말했습니다.

"어르신네, 이 사람을 아십니까?"

순사가 물었습니다.

"알다뿐인가? 왜 있잖나, 원산에서 가장 큰 백화점을 하는 이중석의 동생 아닌가?"

"앗, 그렇습니까? 실례가 많았습니다. 정말 죄송하게 됐습니다."

순사가 중섭에게 경례를 붙이며 사과를 했습니다.

중섭을 신고했던 농부는 뒤통수를 긁적거리며 할 말을 잃었습니다. 그런 일이 있은 후, 중섭은 송도원의 소를 마음껏 관찰하면서 마음 놓고 그림을 그릴 수 있었습니다. 송도원의 소들도 중섭을 알아보곤 눈을 끔벅이면서 반가운 듯 상모 돌리는 아이처럼 꼬리를 휘둘렀습니다.

죽음의 바다를 건너서

　1945년 4월, 마사코는 나흘이나 걸려서 규슈 하카다에 도착했습니다. 전쟁 중이어서 교통편은 거의 없다시피 했습니다. 일본 도처에는 미군기의 폭격이 비오듯 했습니다.
　마사코는 한국으로 가는 정기 연락선이 미군 잠수함의 어뢰를 맞고 침몰해 하카다에서 겨우 임시 연락선을 탔습니다. 그 배는 한국으로 가는 마지막 배였습니다.
　죽음을 무릅쓰고 서울에 온 마사코는 원산에 있는 중섭에게 전화를 했습니다.
　"모시모시(여보세요), 전 동경에서 온 마사코예요."

"마사코? 마사코가 서울에 왔다고?"

뜻밖에도 전화 속에서 들리는 그 목소리는 꿈에서 그리던 마사코의 목소리가 틀림없었습니다.

중섭은 마사코를 맞으러 서울로 갔습니다.

'죽음의 바다를 건너서 이곳까지 오다니…….'

중섭은 기쁘고 벅찬 가슴으로 마사코를 맞았습니다.

그해 5월, 두 사람은 원산에서 사모관대와 족두리를 쓰고 전통 혼례식을 올렸습니다. 신랑 신부가 맞절을 할 때 족두리가 떨어지는 바람에 마사코의 뺨이 복숭아꽃처럼 물들었습니다. 그 모습에 하객들이 모인 자리는 웃음바다가 되었습니다.

중섭은 마사코에게 '남덕'이란 이름을 지어 주었습니다. '따뜻한 남쪽에서 온 덕이 많은 여자'라는 뜻에서였습니다. 그 시대에는 대부분의 사람들이 일본 이름으로 창씨개명을 하고 살아왔지만 마사코는 오히려 한국 이름으로 개명을 한 셈이었습니다.

새댁이 된 남덕은 중섭의 어머니를 극진하게 모시면서 조선의 풍습을 차츰 익혀 갔습니다. 오래지 않아 중섭과 남덕은 광석동 산마루에 따로 살림을 냈습니다. 광석동 마당 깊은 집에서 중섭 부부는 닭을 키우며 신혼살림을 꾸려 갔습니다.

이중섭과 마사코(이남덕)의 결혼식 모습, 1945년 5월, 원산

　오랫동안 닭을 관찰하면서 중섭은 그림의 소재를 삼았습니다. 그림 그리기에 몰두하다가 중섭은 닭 모이 주는 것을 깜박 잊기도 했습니다. 닭을 너무 가까이하다 보니 닭니가 올라 중섭은 몸을 긁적이면서 그림을 그렸습니다. 남덕도 이가 옮아

죽음의 바다를 건너서 • 51

〈부부〉, 40cm×28cm, 1953년, 국립현대미술관 소장

긁적거리면서 닭 모이를 주었습니다.

 소련군의 참전으로 전쟁이 막바지로 치닫자 원산도 안전하지 못했습니다. 중섭은 아내와 함께 원산에서 조금 떨어진 복숭아 과수원으로 피난을 갔습니다.

 전쟁이 치열해지자, 모든 물자가 동이 나서 중섭은 그림 그릴 종이조차 구하기 힘들어졌습니다. 우편물 소통이 어려워 우편 엽서가 쓸모없게 되자 중섭은 엽서를 구해 그림을 그리기도 했습니다.

 1945년 8월 15일, 연합군에게 무조건 항복한다는 일본 천황의 목소리가 라디오에서 흘러나왔습니다. 그 목소리는 마치 힘 빠진 병정개미처럼 조그맣게 들려왔습니다.

 조국은 마침내 해방의 날을 맞았습니다. 원산 시내는 집집마다 태극기가 걸리고 중섭은 아내와 함께 복숭아 과수원에서 그날을 맞이했습니다.

하늘나라 가면 심심하니까
길동무하라고

    1945년 해방되던 해 가을, 중섭은 해방미술전람회에 참가하기 위해 서울로 갔습니다. 덕수궁에서 열린 전람회에 참가한 화가들과 함께 해방의 기쁨을 나누다가 중섭은 백화점 건물 지하실의 벽화를 함께 그리자는 제안을 받았습니다.
    중섭은 흔히 간판에 쓰이는 페인트로 복숭아나무에 아이들이 매달린 그림을 벽화로 그렸습니다. 중섭은 벽화를 그려 주고, 받은 화료로 인사동 골동품 가게에 들러 도자기, 연적, 불상 등 고미술품을 샀습니다. 그때 중섭은 미군들이 우리의 고미술품이나 골동품 등을 헐값으로 수집해 가는 것을 보았습니다.

〈도원〉, 65cm×76cm, 1953년 무렵
크고 작은 봉우리와 천도복숭아를 중심으로 네 명의 아이들이 노는 그림

'우리 문화 유산을 도둑맞는 것 같아 마음이 아프군.'

중섭은 우리 것을 우리가 지키지 못해 안타까운 마음이 들었습니다.

1946년 원산은 공산주의 체제가 서서히 자리 잡기 시작했습니다. 형 중석은 지주 계급이란 이유로 원산 내무서에 끌려가 소식이 없더니 끝내 그곳에서 죽음을 맞았습니다. 형의 죽음은 가족들에게 커다란 충격과 깊은 슬픔을 안겨 주었습니다.

그 무렵 중섭의 첫아들이 태어났으나 여러 가지 충격으로 달을 채우지 못한 채였습니다. 중섭은 광석동 산마루에 있는 보육원에서 아이들을 가르치고 보살펴 주었습니다. 중섭은 보육원 아이들과 함께 지내면서 아이들을 소재로 그림을 그렸습니다. 그때 중섭의 아들이 디프테리아에 걸려 어떻게 손도 쓰지도 못한 채, 하늘나라로 가고 말았습니다.

슬픈 소식을 전해 듣게 된 친구 구상이 와서 위로해 주었습니다. 새벽녘에 구상이 일어나 보니 중섭이 방 한쪽 구석에서 그림을 그리고 있었습니다.

"자네, 뭘 하고 있나? 눈 좀 붙이지 않고······."

"우리 아들 녀석 혼자 하늘나라 가면 심심하니까 길동무하라고."

중섭은 무릉도원에서 아이들이 뛰노는 그림을 그리고 있었습니다. 중섭은 길동무 그림과 함께 아들을 광석동 뒷산에 묻었습니다.

하늘도 슬픈 듯 비가 내렸습니다. 아들을 가슴에 묻고 돌아오는 중섭의 마음은 말할 수 없이 아팠습니다.

"울지 마…… 울지 마오."

중섭은 흐느껴 우는 아내의 젖은 등을 어루만지며 달랬습니다. 그렇게 말하는 중섭의 눈에도 빗물인지 눈물인지 젖어 있었습니다.

평양에서 있었던 해방 기념 미술전에 중섭은 잃어버린 아들을 소재로 그린 〈하얀 별을 안고 하늘을 나는 어린이〉를 출품했습니다. 모스크바에서 온 미술 평론가인 나탐 여사가 중섭의 그림을 보고 근대 유럽의 어떤 대가들에 비해 손색이 없는 작품이라고 평했습니다.

중섭의 그림은 농민적인 정서가 짙어 처음에는 환영 받았으나 나중에는 지탄을 받기 시작했습니다.

"이 화가는 구라파의 많은 예술가들처럼 천재에 속한다. 그러나 천재처럼 위험한 것은 없다. 왜냐하면 노력에 의해 얻어진 것이 아니기 때문이다. 예술가는 어디까지나 인민의 봉사자이다."

공산주의자들은 중섭을 이렇게 비판하기 시작했습니다.

그 무렵 중섭은 해방기념시집 《응향》의 표지화를 그리게 되었습니다. 그 시집에 실린 구상의 시가 반인민적이라는 이유로 비판을 받게 되자 구상은 남쪽으로 떠날 결심을 했습니다.

"중섭이, 이곳에서는 마음 놓고 예술 활동을 할 수가 없어. 우리 함께 남쪽으로 내려가자."

구상은 중섭에게 함께 가기를 권했지만 중섭은 마음에 걸리는 게 많았습니다. 형이 없는 곳에 어머니와 형수 그리고 어린 조카들을 두고 차마 떠날 수가 없었습니다.

"상, 난 갈 수 없어. 자네라도 이곳을 떠나게."

구상은 죽을 고비를 여러 번 넘기며 간신히 월남했습니다.

응향 사건과 형의 죽음, 그리고 아내가 일본인이라는 이유로 주목 받게 되자 중섭은 그림조차 마음대로 그릴 수가 없었습니다. 1947년 둘째 아들 태현이가 태어나고, 2년 뒤에는 셋째 아들 태성이가 태어났습니다.

〈물고기와 노는 세 아이〉, 10.5cm×12.5cm, 1952~1953년
부산 시절 혹은 제주도 시절에 그렸으리라고 추측한다.
아이들은 화가의 세 아들(첫아들은 디프테리아로 죽음)을 상징한다.

다시는 네 형과 같은
죽음을 보고 싶지 않다

1950년 6월 25일, 전쟁이 시작되었습니다. 전쟁은 북의 남침으로 시작되었지만 북한에 살고 있는 사람들은 국군의 북침으로 시작된 것으로 알고 있었습니다.

"남조선의 군대가 북침하므로 대응이 불가피해 성공적으로 반격을 하고 있으니 모든 인민들은 만반의 준비 태세를 갖추기 바랍니다."

북한의 노동신문은 전쟁에 대한 기사를 보도하면서 머지않아 통일이 될 것처럼 장담했습니다. 유엔군의 참전으로 공산당의 장담은 무너지고 원산은 날마다 계속되는 폭격으로 잿더미가 되었습니다.

 중섭은 아내와 아이들을 어머니와 함께 피신시키고 화구를 챙겨 후배인 김인호와 함께 석왕사 뒷산으로 피신을 했습니다. 그곳에는 폐쇄된 금광이 있어 폐광 속에 안전하게 숨을 수가 있었습니다.

 포성이 멈추자, 능선 아래 하얀 태극기가 나부꼈습니다. 국군들이 북진하자 중섭은 무사히 집으로 돌아갈 수 있었습니다. 원산 시내는 국군들의 진주로 들떠 있었습니다. 시 공관에서는 원산 시민의 밤이 열리고 그곳에 종군 작가, 종군 화가, 사진 작가들이 모였습니다. 중섭은 종군 작가들에게 구상의 안부를 물었지만 알 수 없었습니다. 중공군이 개입하자 국군과 유엔군이 후퇴하기 시작했습니다.

 "사태가 심상치 않으니 네 처와 아이들을 데리고 남쪽으로 가거라."

 어머니가 중섭에게 말했습니다.

 "어머니, 전 갈 수 없어요. 제가 가면 어머니와 어린 조카들을 누가 보살피겠어요."

 "다시는 네 형과 같은 죽음을 보고 싶지 않다. 영진이도 함께 데리고 가거라."

어머니가 단호하게 말했습니다.

"어머님 말씀대로 하세요, 서방님. 이곳은 염려 마시고……서방님이 계신다고 해도 이곳에선 마음 놓고 창작 활동을 할 수 없잖아요."

형수가 부추기듯 말했습니다.

중섭은 아내와 함께 말없이 짐을 꾸렸습니다. 떠나면서 중섭은 두루마리 그림을 어머께 드렸습니다.

"이 그림들은 오마니가 보관하고 계셔요. 오래 헤어져 있진 않을 거예요."

그러면서 중섭은 어머니가 앉아 계시던 장판을 뜯어 짐 속에 꾸렸습니다. 그 장판은 어머니가 손수 기름을 먹여 바른 것이었습니다.

1950년 12월 6일 눈보라 속에서 중섭 가족은 원산 부두로 향했습니다. 원산 부두에는 퇴각하는 해병대의 선박이 오갈 뿐, 피난민을 태울 배는 준비되어 있지 않았습니다. 중섭은 가족들과 함께 배를 타기 위해 여러 가지 노력을 해 보았지만 번번이 거절당했습니다.

날이 어두워지자 피난민의 행렬이 흩어지기 시작했습니다. 그때, 그들의 딱한 사정을 지켜보고 있던 한 병사가 해군 문관

〈길 떠나는 가족〉, 29.5cm×64.5cm, 1954년
소달구지에 가족을 태우고 자신은 황소를 끌며 가고 있다. 따뜻하고 평화와 행복이 있을 남쪽 나라로 함께 가는 광경을 그린 것이라고 한다.

을 데리고 왔습니다. 원산이 고향인 그 사람은 중섭을 익히 알고 있던 한민걸이었습니다.

"이중섭 선생 아니십니까?"

중섭과 가족들은 한민걸의 도움으로 겨우 배를 탈 수 있었습니다. 그 배는 해군들의 급식용 사과를 나르는 후생선이었습니다. 중섭 일행을 태운 배는 짙은 어둠 속에서 천천히 원산항을 벗어나기 시작했습니다.

어머니와 다른 가족들을 남기고 떠나는 중섭의 마음은 땅거미 지는 저 하늘처럼 어둡고 무겁기만 했습니다.

이보시오,
당신들도 같은 동포가 아니오

중섭과 가족들을 태운 해군 후생선은 파도를 헤치고 3일 만에 부산에 도착했습니다. 영진은 곧바로 기지 사령부가 있는 제주도로 향했습니다.

중섭 일행은 피난민 수용소에 있게 되었습니다. 그곳은 일제 시대에 가축 대기소로 쓰던 곳이었습니다. 천장은 여기저기 구멍이 뚫려 하늘이 보이고, 녹슨 함석으로 군데군데 때워진 벽은 바람이 마음대로 드나들었습니다. 뚫어진 지붕 사이로 언뜻언뜻 보이는 얼어붙은 하늘은 무심하리만치 푸르렀습니다.

중섭은 가족들을 수용소에 두고 부산의 중심가인 광복동 부

〈세 사람〉, 18.3cm×28cm, 1943-1945년, 국립현대미술관 소장

근을 돌아보았습니다. 혹시 누군가를 만날지도 모른다는 기대감에서였습니다. 중섭은 틈틈이 부두 노동을 하면서 부산 시내를 떠돌았습니다. 그러다가 우연히 이종 형제인 이옥석을 만났습니다.

해방 직후 월남한 옥석은 처가에 정착해서 살고 있었습니다. 중섭은 당분간 옥석의 처가에서 함께 지냈습니다. 부엌에 딸린 쪽마루에서 중섭은 개털 오버를 덮고 밤을 지샜습니다. 밤하늘도 허기져 별들조차 삼킨 듯 다가올 미래를 암시하듯 어둡기만 했습니다.

수용소에 가서 지내게 되면 아내와 아이들이 먹는 음식을 빼앗아 먹는 것만 같아 중섭은 마음이 편치 않았습니다. 중섭은 부두에서 오일 드럼을 굴려서 화차에 싣거나 낡은 선박에 페인트를 칠하는 날품팔이를 했습니다. 어린 소년들도 그 힘겨운 일을 했습니다.

부두에서 일을 마치고 나오던 중섭은 한 어린 소년이 헌병들에게 몰매를 맞는 광경을 보았습니다. 껌을 파는 그 소년은 널빤지를 훔치려다가 헌병들에게 들켰다는 것이었습니다.

"이보시오, 당신들도 같은 동포가 아니오."

중섭이 헌병들을 말렸습니다.

"당신은 뭐야? 이 도둑 녀석과 한패 아냐?"

이번에는 그들이 중섭에게 한꺼번에 달려들었습니다. 중섭은 헌병들에게 사정없이 채이고 짓밟혔습니다.

개머리판으로 맞아 이마에 상처가 나 출혈이 심해지자 헌병들은 중섭을 병원에 실어다 놓고 갔습니다.

중섭은 한참 만에야 병원에서 깨어났습니다. 머리에는 흰 붕

대가 팽이 끈처럼 감겨져 있었습니다. 중섭은 붕대를 감은 채 비틀거리며 병원에서 나왔습니다. 달빛이 하얀 붕대처럼 풀리는 거리는 중섭의 긴 그림자가 꽁꽁 얼어붙을 만큼 추웠습니다.

　부산의 겨울은 을씨년스럽게 춥고 길었습니다. 가족과 함께 지내지 못하는 부산의 겨울은 중섭에게 더욱 춥게 느껴지기만 했습니다.

봄의 아이들

중섭은 가족과 함께 종교 단체의 주선으로 제주도로 향했습니다. 제주도는 부산보다 따뜻할 뿐 아니라 조카 영진이 머물러 있는 곳이기도 했습니다. 그리고 무엇보다도 가족이 함께 지낼 수 있어 중섭은 선뜻 떠나기로 했던 것입니다. 남덕은 수용소의 매서운 추위도 남편 없이 견디기 힘들었지만, 사람들의 일본인에 대한 냉대 또한 참기 어려웠습니다.

제주도의 한 항구에 내려진 중섭은 가족들과 함께 3일 동안이나 눈보라 속을 걸어 서귀포에 도착했습니다. 외양간에서 잠을 얻어 자고, 어린 태성과 태현을 업고 허기지면 눈을 먹으면서 겨우 서귀포의 한 카톨릭 교회에 도착한 것입니다.

그러나 따뜻하리라 생각했던 서귀포는 바람 때문에 부산보다 더 추웠습니다. 중섭 가족은 서귀리(현재 서귀동) 한 농가의 헛간을 개조한 곁방을 빌려 지내게 되었습니다. 돌담 밑에 별 같은 수선화가 피고 그 사이로 푸른 바다와 섬섬이 보이는 아늑한 집이었습니다. 종교 단체에서 주는 쌀을 팔아서 값싼 보리와 찬거리를 대신 사서 겨우 끼니를 이어갔습니다.

"태현아, 태성아! 우리 바닷가에 놀러 가자."

남덕이 보리 이삭을 주우러 밭에 나가면 중섭은 태현이와 태성이를 데리고 바닷가로 나갔습니다.

"아빠, 금단추 같은 민들레가 폈어요."

태현이가 거미줄이 쳐 있는 돌담 모퉁이에 꿈을 깔고 앉은, 노란 앉은뱅이꽃(민들레의 평안도 방언)을 보며 말했습니다. 민들레 꽃방석 위에 흰나비가 앉자 꽃대가 무거워 휘청거렸습니다.

"아빠, 손톱만 한 천사가 날아왔어요."

나비가 놀라서 달아날까 봐 태성이가 조그맣게 목소리를 낮추며 말했습니다.

"그건 천사가 아니라 나비야."

형인 태현이가 말해 주었습니다.

나비는 방금 날개돋이를 끝낸 듯, 봄 햇살에 구겨진 날개를 곱게 폈습니다. 태성이가 살금살금 다가가 날개를 잡으려 하자 나비가 팔랑 날아갔습니다. 나비를 놓친 아이는 민들레 꽃대를 뽑아 아빠의 낡은 모자 구멍 난 곳에 꽂았습니다.

빛바랜 군복 바지에 무릎은 다 해져 네모난 헝겊을 덧대고 금빛 수염이 덥수룩한 아빠는 마치 허수아비와도 같았습니다. 아이가 모자에 민들레꽃을 꽂는 순간 아빠는 금빛 왕관을 쓴 임금님과도 같았습니다.

개펄에는 게들이 놀자고 마중 나와 있었습니다. 게들은 가위 바위보를 하자고 졸라 대며 슬금슬금 기어 왔습니다. 두 아이가 다가가자 겁먹은 꼬마 게가 구멍 속으로 쏘옥 들어가 숨었습니다.

"이크! 우리 집인 줄 알았더니 옆집이잖아."

꼬마 게가 구멍 속에서 나와 다시 옆 구멍으로 들어갔습니다. 아빠가 태성이에게 꼬마 게 한 마리를 잡아 주었습니다.

"아빠, 게가 자꾸만 달아나. 실로 묶어 줘."

"하지만 오늘은 실이 없는걸."

"그럼 거미줄로 묶어 줘."

"게란 놈이 거미줄에 묶인 채 구멍 속의 집으로 들어가 버리

〈꽃과 어린이와 게〉, 연도 미상

면 거미줄이 다 풀리고 말 거야. 그럼 거미는 집을 잃게 돼. 우리도 집이 없으니까 이리저리 떠돌아다녀야 하고 힘들잖아. 거미도 집이 없어지고 나면 슬플 거야."

그러는 사이 태현이가 바닷가 모래톱에서 커다란 조개껍질을 주워 왔습니다.

"근사한 걸 주워 왔구나! 엄마가 그릇으로 쓸 수 있겠다고 좋아하시겠는걸."

아빠가 무지개 빛이 도는 조개껍질을 보며 말했습니다.

"아빠, 배고파."

태성이가 칭얼거렸습니다.

"그래, 엄마가 오셨는지 집에 가 보자."

아빠가 태성이를 무등 태우며 말했습니다.

"아빠, 게가 발가락을 물었어요."

"게들이 우리 태성이한테 더 놀다 가라고 그러는 게지."

"아빠, 내 주머니 속에도 게 한 마리가 들어 있어요. 아마 주머니 속에 난 구멍이 제집인 줄 알았나 봐요."

아빠는 낡은 모자 속에 게를 잡아 밀려오는 파도에 찰방찰방 발목을 적시며 집으로 돌아왔습니다. 엄마는 아직 집에 돌아오지 않았습니다. 아빠는 배고픈 아이들에게 게를 삶아 주었습니다.

"엄마가 오시려면 아직 멀었나 보다. 우선 이거라도 먹자꾸나."

두 아이는 붉은색으로 변한 그 게들이 조금 전 바닷가에서 함께 놀던 친구들이란 걸 알았습니다.

"이걸 어떻게 먹어. 게들이 불쌍해."

태현이와 태성이가 눈을 슴벅이다가 드디어 울음을 터뜨렸습니다.

"그래그래, 미안하다 미안해. 그 대신 아빠가 불쌍한 게들을 위해 그림으로 이쁘게 그려 줄게."

아빠는 담배 은종이에 아이들과 노는 게들을 그림으로 그렸습니다.

높고 뚜렷하고 참된 숨결

봄은 가난한 피난민들에겐 얼마나 고맙고 감사한 계절인지, 봄빛 속에서는 모든 것을 잊을 수가 있었습니다.

그 무렵, 바닷가에서 서귀포 육군 제1훈련소 기간 장교인 이상호 중령을 만나게 되었습니다. 어릴 적 꿈이 화가였던 그는 지금도 그림만 보면 가슴이 두근거린다고 했습니다.

"왜 당신 그림 속에는 게가 자주 등장하는 거요?"

"허허허, 게를 하도 많이 잡아먹어서 미안해서 그리지요."

중섭이 금빛 수염 사이로 너털웃음을 지으며 말했습니다.

게들은 먹을 것이 없었던 그 시절 고마운 양식이 되어 주었

〈그리운 제주도 풍경〉, 35cm×24.5cm, 1950년대
일본에 떨어져 있는 가족들에게 보낸 편지에 그려 보냈던 그림의 하나.
제주도 시절, 즐거웠던 때를 회상하며 그린 것이다.

습니다. 이상호 중령은 중섭의 그림을 보더니 보름 동안만 빌려 달라고 부탁했습니다. 하지만 중섭은 완성된 그림이 아니어서 그냥 줄 수 없으니 15일 후 꼭 다시 돌려 달라고 했습니다.

보름이 지나자 이상호 중령은 약속대로 그림을 가져왔습니다. 그리고 그 보답으로 쌀 한 가마를 지프에 싣고 왔지만 중섭은 그때 마침 월남 미술 작가전에 그림을 출품하기 위해 부산에 가고 없었습니다.

두 사람의 사정을 잘 아는 이상호 중령이 남덕에게 말했습니다. "이곳의 사정은 부산보다 나을 게 없답니다. 이곳에서 고생하시지 말고 차라리 부산으로 돌아가시는 게 어떠실지요?"

이상호 중령은 남덕에게 부산을 갈 여비를 놓고 갔습니다.

그러자 집주인의 동생이 그 돈을 빌려 달라고 했습니다. 남덕은 집주인에게 신세를 지고 있는 형편이어서 거절할 수가 없었습니다. 그런데 집주인의 동생은 그 돈으로 도박을 해서 몽땅 잃어, 중섭 가족들은 서귀포에 8개월 동안이나 더 눌러 있게 되었습니다. 서귀포의 바다가 그토록 짙푸른 것은 중섭이 그림을 그리면서 몇 번이고 덧칠했기 때문이었습니다.

그 무렵, 조카 영진이 작은아버지가 서귀포에 왔다는 소식을 듣고 찾아왔습니다. 숙모를 처음 보는 순간 영진은 왈칵 눈물

〈서귀포 환상〉, 56cm×92cm, 1951년

  이 쏟아졌습니다. 숙모는 일본에서 처음 올 때 입었던 옷을 그때까지 입고 있었습니다. 그 옷은 낡을 대로 낡아, 누가 보아도 이루 말할 수 없이 남루해 보였습니다.
  영진은 숙모의 팔을 붙잡고 목놓아 울고 말았습니다. 남덕은 눈물을 감추며 오랜만에 찾아온 조카를 위해 조개껍질을 그릇 삼아 조촐한 밥상을 준비했습니다.

그때, 영진은 시멘트 포대가 깔린 한 평 남짓한 삼촌의 방 벽 한 귀퉁이에 시 한 편이 적혀 있는 것을 보았습니다.

소의 말

높고 뚜렷하고
참된 숨결

삶은 외롭고
서글프고 그리운 것

나려 나려 이제 여기에
고웁게 나려

아름답도다 여기에
맑게 두 눈 열고

두북두북 쌓이고
철철 넘치소서

가슴 환히
헤치다

— 대향

* 이 글은 1951년 봄, 피난지 서귀포의 이중섭의 방 벽에 붙어 있던 것을 조카 이영진 씨가 외워 전해짐.

〈가족〉, 8.5cm×15cm, 연도미상, 국립미술박물관 소장

아내와 아이들이 남기고 간 바다

 중섭이 가족들과 함께 다시 부산으로 돌아오자 일본에 있는 아내의 친정 어머니로부터 아버지가 돌아가셨다는 소식이 왔습니다. 하지만 중섭은 그 사실을 아내에게 알리지 않았습니다.
 "정말 미안하오. 갈 수도 없는데 괜시리 당신 마음만 아프게 할 것 같아서……."
 중섭이 흐느껴 우는 아내의 등을 어루만지며 말했습니다.
 그 당시 남덕은 이미 서귀포에서부터 결핵에 걸려 각혈을 했지만 그동안 남편에겐 그 사실을 숨겨 왔었습니다.
 "저는 일본으로 돌아가 법적인 일을 해결하고 생활의 질서를 다시 바로잡는 게 좋겠어요."

그 말에 중섭은 아내를 말릴 수가 없었습니다. 아내는 아이들을 데리고 일본인 수용소로 들어갔습니다. 그곳은 해방 후 아직 일본으로 돌아가지 못한 일본인들을 본국으로 돌려보내기 위해 만들어진 수용소였습니다.

남덕은 두 아들과 수용소에 머물러 있다가, 제3차 일본 송환선에 올랐습니다. 1952년 7월이었습니다.

남덕은 아픈 가슴을 안고 말없이 고개 숙여 울기만 했습니다. 의지할 곳 없는 남편을 언제 끝날지도 모르는 전쟁터에 홀로 두고 가는 남덕의 마음은 찢어질 것만 같았습니다.

"부디 몸조심하세요."

"내 걱정은 말고 가서 약해진 당신 몸을 잘 정양하길 바라오. 장모님이 보시면 당신을 못 알아볼까 봐 걱정이구려."

"아빠는 우리랑 같이 안 가?"

태현이가 초롱한 눈빛으로 물었습니다.

"그래, 태현이랑 태성이랑 먼저 가 있으면 아빠는 나중에 갈게. 잘 가거라! 내 아들."

차마 눈물을 보일 수 없어 중섭은 울음을 삼켰습니다. 중섭은 두 아들을 품에 안고 이마에 입을 맞추며 쓰라린 마음으로

〈현해탄〉, 1954년

작별 인사를 나누었습니다.

뱃고동이 울리자 두 아들과 아내를 태운 배는 점점 멀어져 갔습니다. 남덕은 넋 빠진 사람처럼 부두에서 서성거리는 중섭을 보자 눈물이 앞을 가렸습니다.

중섭은 아내와 아이들이 보이지 않을 때까지 손을 흔들다가, 이윽고 배가 보이지 않자 그제야 참았던 눈물을 울컥 쏟았습니다.

홀로 부산에 남겨진 중섭은 낮에는 부두에서 날품팔이를 하거나 인부 노릇을 하면서, 밤에는 범일동 판잣집에서 그림만 그렸습니다.

'일본에 가면 아이들은 굶지 않을 거야.'

중섭은 그림을 그리다가도 혼자 생각에 잠기곤 했습니다.

'괜한 일을 한 거야. 남덕이와 아이들을 보내지 말았어야 하는 건데…….'

그러면서 중섭은 하루에도 몇 번씩 탄식하며 후회하곤 했습니다.

그 당시 부산의 '밀다원'이란 찻집은 훗날 '밀다원 시대'라고 불리울 만큼 많은 문인들과 화가들이 모이던 곳이었습니다. 피난 시절 예술가들은 그곳에 모여 소식이 끊긴 친구의 안부를 묻기도 하고 아쉬운 대로 연락처로 삼곤 했습니다. 중섭이 오랫동안 소식을 모르던 구상을 다시 만나게 된 곳도 바로 그곳이었습니다.

중섭이 부두 일을 마치고 기름때가 묻은 작업복을 입은 채 밀다원에 갔을 때, 뜻밖에도 구상이 다른 친구들과 함께 중섭을 기다리고 있었습니다.

"여기서 이렇게 만나다니…… 꿈만 같으이."

구상이 손을 내밀었습니다.

"미안한걸, 손이 너무 더러워서……."

중섭은 악수를 하기에도 미안할 만큼 거칠어진 손을 바지에 쓱쓱 문지른 후, 구상의 손을 맞잡았습니다.

"중섭이, 고생이 많았지?"

"자네가 고생이 많았지?"

두 사람은 악수하는 것만으로는 아쉬워 서로 얼싸안았습니다.

《응향》지 사건으로 비판을 받게 되자 혼자 월남했던 구상은 아내와 아이들을 만나 칠곡에 내려와 있었습니다.

중섭은 오랜만에 만난 친구들과 함께 남포동 바다 위에 판자로 지은 술집에서 오랜만에 이야기꽃을 피웠습니다.

"자네 신문 삽화 한번 그려 볼 텐가?"

구상이 혼자 떠도는 친구가 딱한 마음에 삽화료가 조금은 보탬이 될 듯 싶어 물었습니다.

"상의 뜻은 고맙지만…… 내가 레스토랑에 마주 앉아 있는 남녀를 본 적이 있나, 자동차를 타고 가는 남녀를 본 적이 있나, 아무래도 난 못 할 것 같아."

중섭이 금빛 콧수염 속에 미소를 감추며 거절했습니다. 그토록 어려운 상황에도 거절할 수 있는 중섭의 정직함에 놀라워하면서 친구들은 고개를 끄덕였습니다.

중섭은 국방부 정훈국 종군 화가단에 가입했습니다. 중섭은 종군 화가단 증명서가 든 수첩 갈피에 남덕과 아이들의 사진을 넣어 가지고 다니며 그리울 때마다 꺼내 보곤 했습니다.

그 모습을 지켜보던 친구가 전화국에 근무하는 사람을 통해 중섭이 일본에 있는 아내와 3분 동안 통화를 하도록 해 주었습니다. 중섭은 아내의 목소리가 수화기에서 울려 나오자 가슴이 벅차 할 말을 잃었습니다.

"모시모시, 모시모시……."

중섭은 모시모시(여보세요)만 되풀이하다가 그만 3분이 되어 전화가 끊어지고 말았습니다. 그토록 귀한 상황을 마련해 주었는데도 한 마디 말도 못한 것에 화가 나서, 참다 못한 친구가 중섭을 주먹으로 한 대 쳤습니다.

남덕의 목소리를 듣자 중섭은 더욱 아내와 아이들이 보고 싶었습니다. 중섭은 아내와 아이들이 그리우면 그림을 그렸습니다. 그리워 그림을 그리면 더욱 그리워, 그림은 두북두북 쌓이고 그리움은 철철 넘쳤습니다.

중섭에게 그리움은 곧 그림이었습니다. 중섭은 판잣집 골방에서 시루의 콩나물처럼 끼여 살면서도 그렸고, 부두에서 짐을 나르다 쉬는 참에도 그렸고, 다방 한 구석에 앉아서도 그렸고,

목로 주점에서도 그랬습니다.

캔버스나 스케치북이 없어서 군용 천막을 뜯어서 그랬고 합판이나 담뱃갑 은지에다 그렸고, 물감이나 붓이 없어 연필이나 못으로 그렸고, 잘 곳과 먹을 것이 없어도 그렸고, 외로워도 슬퍼도 그렸고, 그저 그리고 또 그렸습니다.

"내가 이제 파리에 가서 그자들(피카소나 루오 같은 거장들을 말함)의 그림과 한번 대보면 알아, 누가 많이 그렸나 단박에 계산이 나와."

중섭은 술에 취할 때면 구상에게 이렇게 말하곤 했습니다.

구상은 중섭이 아내와 아이들과도 헤어져 혼자 남겨진 채 떠돌이 생활을 하는 게 마음이 아팠습니다. 더구나 마음 놓고 그림을 그릴 만큼 안정되지 못해 무엇보다도 안타까웠습니다.

구상은 덕원 교구가 있는 대구로 피난 와, 왜관에 자리 잡고 영남일보 주필을 맡고 있었습니다. 덕원교회는 원산에서 순교한 구상의 형이 본당 신부로 있던 곳이었고 또한 구상이 유아세례를 받은 교회이기도 했습니다.

구상은 의사인 아내와 교구를 따라 왜관에 병원을 차리고 그곳에 머물러 살게 되었습니다.

"중섭이, 나와 함께 대구로 가지 않겠나?"

〈판잣집 화실〉, 26.8cm×20.2cm, 1950년대

떠도는 중섭이 딱해서 구상이 물었습니다.

"싫어. 그곳에 가면 남덕이와 아이들과 더 멀리 떨어지게 돼."

중섭에겐 아내와 아이들을 떠나 보낸 항구가 있는 부산이 동경과 더 가깝게 느껴졌습니다.

"하하, 동경에서 비행기를 타면 대구나 부산이 거기서 거길세."

"하지만 맑게 갠 날 부산에서 보면 대마도가 보이는걸."

중섭이 소년처럼 맑고 어진 웃음을 보이며 말했습니다. 그러나 구상의 설득으로 중섭은 대구에 함께 가기로 했습니다. 구상의 말대로 대구는 부산에서 그리 멀진 않았지만 바다가 없는 게 중섭은 왠지 서운했습니다.

그 무렵 구상은 몸이 약해져 걸핏하면 피를 몇 양푼씩 토하고 누워 지냈습니다. 그의 아내로부터 구상이 아프다는 이야기를 전해 듣자 중섭은 자다가 말고 일어나 뭔가 열심히 그림을 그리고 있었습니다.

"중섭이, 이 밤중에 자다 말고 무슨 도깨비놀음인가?"

구상이 웃으며 물었습니다.

"그 왜, 먹으면 무슨 병이든지 낫는다는 천도복숭아. 자네가 이걸 먹고 빨리 나으란 그 말씀이지."

중섭이 싱긋 웃으며 그림을 건네주었습니다.

훗날 구상은 그 덕택인지 그 후, 세 번이나 쓰러졌다가도 일어나 이렇게 살고 있다고 말했습니다.

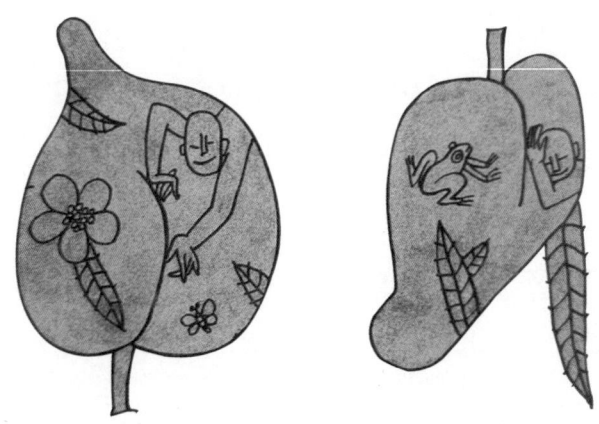

가족들과 함께 보낸 마지막 날들

아내에게 보내는 중섭의 편지가 현해탄을 오갔습니다. 중섭은 구상이 마련해 준 해운공사 소속 선원증으로 일본으로 가는 배를 탈 수 있었습니다. 구상이 부산항에 배웅 나와 주었습니다.

중섭의 손에는 은지화 한 뭉치가 들려 있었습니다. 그동안 종이가 없어 친구들이 구해다 준 담뱃갑 은지에 그린 그림들이었습니다.

"내, 동경 가서 그림 좀 그려 올게. 커다란 캔버스에다 마음껏 물감을 바르고 문질러서 그림다운 그림을 그려 올게. 상, 내가 남덕이 보고 싶어서 가려는 줄 오해 마. 내 방 하나 따로 구해 놓으라고 편지했어."

 중섭은 전쟁의 소용돌이 속에 친구들을 등지고, 저 혼자만 안정을 얻기 위해 일본으로 떠나는 것이 미안해 자꾸만 되뇌었습니다.

 뱃고동이 울리자 구상에게 은지화 뭉치를 흔들면서 중섭은 멀어져 갔습니다.

 구상은 중섭이 떠돌이 생활을 끝내고 그리운 아내와 아이들이 더불어 마음 놓고 그림을 그릴 수 있게 되기를 간절히 바랐습니다. 현해탄을 건너면서 중섭은 이번에 가족들을 만나면 다시는 헤어지지 않겠다고 마음속으로 다짐했습니다.

 중섭은 히로시마 부근의 작은 항구에서 내렸습니다. 그곳의 출입국 관리소에서 남덕과 만나기로 미리 편지를 띄워 놓았습니다. 남덕은 태현이를 업고 약속대로 마중 나와 있었습니다. 중섭은 남덕과 큰아들 태현이와 눈물겨운 상봉을 했습니다. 태현이를 안으며 중섭은 그동안 통통해진 아들의 뺨을 부볐습니다.

 "아빠, 보고 싶었어."

 "그래, 그래. 아빠도 태현이랑 태성이가 보고 싶었단다. 그래서 이렇게 왔잖니?"

 "아빠, 바닷가에서 게 잡으면서 놀았던 거 생각나?"

〈가족과 비둘기〉, 29cm×40.3cm, 1956년 무렵

"그럼, 생각나고말고. 그래서 아빠가 은종이에 너희들과 게들이 노는 모습을 이렇게 많이 그렸단다."

중섭이 은종이 뭉치를 보이며 말했습니다.

전쟁은 끝났지만 남덕의 집은 폐허나 다름없었습니다. 어머니와 남덕 그리고 언니가 전쟁미망인이 되어 함께 살고 있었습니다. 세 모녀는 폐허가 된 옛집에서 어린 두 아이와 함께 닥치는 대로 궂은일을 하면서 생활을 꾸려 가고 있었습니다.

"자네가 이곳에서 일주일을 넘기면 밀입국자가 될 수도 있으니 일단 한국으로 돌아가 제대로 된 여권을 마련한 뒤, 정식으로 입국하여 미술 활동도 하고 마사코와 못다한 정상적인 가정을 꾸려 주었으면 하네."

장모의 말에 중섭은 더 이상 동경에 머무를 수 없음을 깨달았습니다. 아내 남덕과 태현, 태성과 함께 중섭은 꿈같은 6일을 보냈습니다. 중섭은 세타가야의 한 여관에 머물며 아내와 함께 영화도 보고 아이들과 공원에도 놀러 갔습니다. 이노가시라 공원 벤치에 앉아 쉬고 있을 때, 태현이와 태성이가 자전거를 타고 있는 일본 아이를 만났습니다.

"오아가리상!"

일본 아이가 태현이와 태성이를 향해 외쳤습니다.

그 말은 촌놈이란 뜻이었습니다.

"아는 아이냐?"

중섭이 물었습니다.

"네, 한동네 사는 아이예요."

태현이는 햇빛을 받아 눈부시게 빛살을 퉁기며 돌아가는 은빛 자전거 바퀴를 보고 부러운 표정을 지었습니다.

"저 형은 다른 아이들한테는 자전거를 잘도 빌려주면서 우리한테는 한 번도 태워 주지 않아!"

태성이가 볼멘소리로 말했습니다.

"그건 우리가 조센징이라서 그래."

태현이가 말했습니다. 그 말을 듣자 중섭은 머리카락이 쭈뼛 곤두서는 것만 같았습니다. 조선인에 대한 차별로 상처를 받는 것은 아버지 세대로 충분했습니다.

"아빠가 다음에 오면 자전거 사 줄게."

중섭이 비밀 이야기를 하듯 보송보송 솜털이 돋아난 태성이의 귀에 대고 속삭이듯 말했습니다.

"야, 신난다! 아빠가 자전거 사 주신대."

태성이가 좋아서 손뼉을 치면서 말했습니다.

"아빠, 태성이는 아직 어려서 자전거 못 타요. 세발자전거라면 또 몰라도."

태현이가 말했습니다.

"그래, 그럼 아빠가 태현이 한 대, 태성이 한 대, 그렇게 자전거 한 대씩 사 주기로 약속하마."

중섭은 아이들과 손가락을 걸고 약속했습니다. 태현이에겐 오른손의 새끼손가락을 걸고 태성이에겐 왼손의 새끼손가락을 걸었습니다. 약속을 하는 새끼손가락이 둘인 것은 참말 다행이었습니다.

떠나면서 중섭은 아내에게 손바닥만 한 불상을 건네주었습니다. 그 불상은 평양의 한 골동품상에서 산 것으로 그동안 중섭이 아끼며 고이 간직하던 것이었습니다.

"나 대신 이걸 놓아 둬."

아름다운 그 짧은 순간들은 중섭이 가족들과 함께 지낸 지상에서의 마지막 날들이었습니다. 6일 만에 일본에서 돌아온 중섭은 그 후, 다시는 가족들과 만날 수 없었습니다.

낙화암, 낙화암, 왜 말이 없느냐

 일주일 만에 다시 부산에 나타난 중섭은, 그가 일본으로 떠난 줄 알았던 친구들을 놀라게 했습니다.

 "무슨 도깨비놀음인가? 가족들을 만나러 갔다가 일주일 만에 돌아오다니……."

 "일본에 가긴 갔었던 겐가?"

 친구들의 물음에 중섭은 말없이 미소로 답할 뿐이었습니다.

 그날 저녁 중섭은 친구들과 어울려 술을 마시면서 '사비수'를 2절까지 불렀습니다.

 춘원 이광수가 작사한 사비수는 중섭이 마음이 울적해지면 자주 부르는 구슬픈 노래였습니다.

쑥스러운 듯 오른뺨에 오른손을 부채처럼 가볍게 펴 붙이고 부르는 중섭의 목소리는 성악을 해도 좋았을 만큼 부드러운 바리톤이었습니다.

사비수 나리는 물에 석양이 비칠 때
버들꽃 날리는데 낙화암이라네
모르는 아희들은 피리를 불건만
맘있는 나그네의 창자를 끊누나
낙화암 낙화암 왜 말이 없느냐

어떤 밤 꿈결 속에 곡소리 나더니
어여쁜 궁녀들은 어디로 갔느냐
님 주신 비단치마 가슴에 안고서
사비수 깊은 물에 던졌단 말이냐
낙화암 낙화암 왜 말이 없느냐

중섭은 부산을 떠나 구상이 있는 대구로 갔습니다. 구상은 중섭을 보자 절로 웃음이 났습니다. 그토록 그리운 아내와 아이들 곁에서 살라고 선원증까지 얻어 보내 줬더니, 일주일 만에 이렇게 돌아오다니…… 구상은 어이가 없어 웃음밖에 나지 않았습니다.

"남덕 여사와 아이들은 잘 있던가?"

"응, 아이들은 건강하고…… 내가 있으면 남덕이 힘들 것 같아서……."

구상은 더 이상은 묻지 않았습니다. 다만 또다시 정처 없이 떠돌아야 하는 친구가 딱할 뿐이었습니다.

"일본의 산은 예나 지금이나 나무들로 울창하지?"

구상이 말머리를 돌려, 해방 전부터 울창했던 일본의 삼림에 대해 말했습니다.

"상, 아니야. 일본의 산은 너무 나무들이 빽빽해서 답답해. 그리고 나무들은 하늘 높이 솟아서 인정미가 안 가. 우리 산들이 좋아. 더러 벌거벗긴 해도 꾸부정한 나무들이 목욕탕에서 만난 사람들처럼 친근감이 들어."

중섭의 말에 구상이 고개를 끄덕였습니다.

중섭은 그날 밤, 일본에서 지냈던 꿈같은 날들을 회상하며 아내 남덕에게 편지를 썼습니다.

나의 소중한 남덕 군

동경에서 아이들과 함께 보낸 6일간은 너무 빨리 지나가 버려 마치 꿈을 꾸다 온 것만 같소. 당신과 하고 싶었던 여러 가지 이야기들을 다 하지 못하고 와서 안타깝기만 하오.

치통은 좀 나았소? 당신과 아이들이 없는 생활은 종일 마음을 공허하게 하오.

동경에 다녀온 후, 여러 가지 사정도 알게 되고 현실적인 각오도 새롭게 다졌소.

대향의 진정한 마음을 믿고 참고 기다려 주오. 지금쯤 당신은 두 아이들을 데리고 연약하고 가냘픈 손으로 삯바느질에 여념이 없겠구려.

당신은 실로 갸륵한 사람이오. 잠들기 전에는 당신과 아이들을 생각하오. 대향은 행복이 어떤 것인지 분명히 알았소. 우리 가족 넷이 단란하게 손을 잡고 힘차게 살아가는 것이오.

아름답고 갸륵한 사람이여, 힘을 냅시다. 대향은 우주의 질서를 바로 의식하고 올바른 삶을 살고 싶소. 진정한 삶이란 별처럼 무한한 신비가 아니고 무엇이겠소.

중요한 것은 참인간성의 일치요. 비록 가난하더라도 동요하지 않는 부부간의 정이오. 가난하더라도 끄떡없는 우리들 네 가족의 멋진 미래를 확신하고 마음을 밝게 가집시다.

화공 대향은 정신을 가다듬고 현실적인 노력을 게을리하지 않을 테니 믿고 기다려 주오. 어머님을 비롯하여 여러분에게 안부 전해 주시오.

대향 중섭

*대향은 어머니가 지어 주신 이중섭의 호

그 무렵 중섭은 친구와 함께 경주에 가게 되었습니다. 중섭은 석굴암을 보고도 말이 없었습니다.

"경주 재미없니?"

석굴암을 보고도 놀라지 않는 중섭이 의아해서 친구가 물었습니다.

"고향에 가고 싶어, 통일이 되면……."

중섭은 고구려 무덤에 들어가 놀던 어린 시절을 떠올렸습니다.

"난 어릴 때, 거기서 그대로 누워서 잠들고 싶었던 적이 있었어. 그곳에 가면 마술적인 힘을 얻곤 했지. 내 비밀 하나 가르쳐 줄까? 내 그림의 소 꼬랑지 선이 어디서 생긴지 알아? 그건 고향에 있는 고분 벽화에서 얻은 거야. 사실은 내가 일본에 가도 오래 있지 않지. 그 벽화가 나를 어디로 못 가게 하거든."

그때 중섭은 수레에 짐을 가득 실은 소가 채찍을 맞으며 힘이 들어 콧김을 훅훅 내뿜으면서 비탈길을 오르는 모습을 보았습니다.

"저 소 좀 봐. 저렇게 순한 소가 짐을 가득 싣고 고달프게 가고 있어."

중섭이 눈물을 글썽이면서 말했습니다.

그 소의 모습은 바로 중섭 자신의 모습이기도 했습니다.

밤하늘 별들을 점점이 이어 보면 황소자리라는 별자리가 그려지듯이 중섭의 가슴에 난 아픈 상처를 이어 보면 분노하는 소의 모습이 그려졌습니다.

"요즘 소는 원산 송도원에서 본 소와는 달라. 전쟁을 치른 후, 소의 눈망울도 달라졌어."

중섭은 고향이 그리우면 거제도 장승포에 혼자 다녀오곤 했습니다. 거제도의 바다는 원산의 바닷빛과 닮아 고향 같은 느낌을 주곤 했습니다. 중섭은 문득 원산에 계신 어머니 생각이 났습니다.

'어머니는 살아 계실까? 처자식과 헤어지고 이렇게 혼자 떠돌이로 살려고 어머니를 고향에 두고 왔나? 벌을 받은 게야. 벌을 받은 게야.'

중섭은 바다를 향해 큰 소리로 '어머니'하고 불러 보았습니다.

바다는 파도 소리로 답할 뿐이었습니다. 북에는 어머니를 두고, 일본에는 아내와 아이들을 두고, 남쪽에 홀로 남겨진 중섭은 산산이 흩어진 마음으로 하늘을 올려다보았습니다.

하늘에는 핏빛 놀이 지고 있었습니다. 중섭은 바닷가에 주저앉아 어머니가 정말 세상을 떠난 것처럼 통곡을 했습니다.

중섭의 어깨 위에 어둠이 내리고 검푸른 하늘에는 새들이 바다를 가로질러 북쪽으로 날아갔습니다. 그 후 중섭은 고향에 두고 온 어머니가 세상을 떠나셨다고 막연히 믿게 되었습니다.

소도 비빌 언덕이 있어야지

　6·25 전쟁이 휴전으로 끝나자 부산을 떠돌던 친구들은 하나둘 서울로 떠났습니다. 중섭은 친구의 도움으로 통영에서 그림을 그리다가 잠시 구상의 집에 머물렀습니다.
　구상의 집에 머물면서 중섭은 구상의 아들이 세발자전거를 타고 노는 모습을 그렸습니다. 아빠가 새로 사 온 자전가를 타면서 구상의 아들이 얼마나 좋아하던지 중섭은 그림을 그리면서 동경에 있는 아이들 생각을 했습니다.
　'지금쯤 태현이와 태성이는 아빠가 자전거를 사 오기만을 손꼽아 기다리고 있을 텐데…….'

〈구상네 가족〉, 32cm×49.5cm, 1955년

그 생각을 하자, 중섭은 세발자전거 바퀴가 가슴을 가로질러 가 바퀴 자국이 찍힌 듯 마음이 아팠습니다.

앞바퀴는 아내 남덕에 대한 아픔이고 두 개의 뒷바퀴는 태현이와 태성이에 대한 아픔이었습니다. 구상과 한방에서 잠을 자던 중섭은 한밤중이면 자다가도 벌떡 일어나 앉았습니다.

"왜 그러나? 잠이 오지 않나?"

"남덕이가 보고 싶어서…… 아이들도 보고 싶구."

"기다려 보게. 무슨 방법이 있을 거야. 이번에는 정식으로 여권을 만들어 보자구."

"서울 가서 전시회를 할 테야. 그래야 남덕이 진 빚도 갚을 수 있어."

남덕은 그동안 중섭을 돕기 위해 오산학교 후배를 통해 일본 서적을 한국에 부쳤으나 그 사람이 책값을 치르지 않아 잔뜩 빚을 지고 말았습니다.(훗날 남덕 여사는 그 빚을 20년에 걸쳐서야 겨우 갚을 수 있었다고 합니다.)

중섭은 구상이 마련해 준 여비로 서울로 향했습니다. 기차를 탄 중섭은 차창 밖으로 전쟁으로 민둥산이 된 산들과 주춤주춤 흐르는 강줄기를 보았습니다.

'그래도 역시 우리나라 산천이 좋아. 이대로 서울을 지나 원산으로 갈 수 있다면 얼마나 좋을까?'

중섭은 이토록 아름다운 금수강산이 전쟁으로 쑥밭이 되고 휴전선으로 가로막혀 있는 현실이 안타깝기만 했습니다.

서울에 도착한 중섭은 이종 형인 이광석과 먼 친척뻘인 위상학을 만났습니다. 화가 한묵과 김환기도 만났습니다. 중섭이 서울에 왔다는 소문이 명동에 퍼지자 예술가들이 모이는 카페에 친구들이 모여들었습니다.

"북진한 줄 알았더니 겨우 여기서 만나네."

카페에서 미국 군복을 물들여 입은 화가 손응성을 만나자 중섭이 손을 내밀며 말했습니다.

"일본에 갔다더니 소문이었나? 도깨비 같은 사람."

손응성이 손을 맞잡으며 말했습니다.

드럼통을 엎어 놓은 허술한 노천 술집에서 중섭은 오랜만에 만난 친구들과 함께 술을 마셨습니다. 중섭은 전쟁의 폐허 속에서도 이렇게 뜨겁게 모여 있다는 것이 고맙고 서글퍼서 '소나무야'란 노래를 한 곡 불렀습니다. 우수에 젖은 그의 목소리가 고개를 숙인 친구들의 뺨을 눈물로 얼룩지게 했습니다.

폐허 더미 위에 하늘의 별들이 무심하게 빛나고 있었습니다. 그래도 아직 올려다볼 만한 것은 하늘이었습니다. 짙푸른 하늘은 바닷빛을 닮아 있었습니다.

'하늘은 저토록 이어져 있건만…….'

중섭은 또다시 바다 건너 아내와 아이들에 대한 그리움에 사로잡혔습니다.

"오늘 우리 집에 가자."

위상학이 말했습니다. 그는 중섭과는 먼 친척뻘이었습니다.

상학이는 미군 부대에서 미군들의 초상화를 그려 주고 돈을 벌
었다는 소문이 있었습니다. 그 당시 많은 화가들이 미군들의
초상화를 그리면서 생계를 유지했습니다. 모두들 가희동에 있
는 위상학의 집으로 갔습니다.

 측백나무가 많은 넓은 정원에 3층으로 된 양옥집이었습니다.

 "이런 집 팔아서 그림이나 실컷 그릴 일이지, 왜 이렇게 큰
집을 차지하고 있지?"

 중섭의 말에 위상학은 할 말이 없었습니다. 얼마 후, 위상학
이 자살했다는 소식은 친구들을 놀라게 했습니다. 중섭은 보문
동에 있는 손응성의 집에 며칠 머물렀습니다. 손응성의 어머니
는 중섭을 친아들처럼 여겼습니다.

 "중섭이도 이제 일본 색시일랑 그만 잊고 참한 한국 여자 만
나서 장가들어. 소도 비빌 언덕이 있어야지."

 손응성의 어머니가 중섭을 보자 딱해서 말했습니다.

 "네, 그러지요."

 중섭이 건성으로 대답했습니다.

 "위상학이 죽었다는 소식 들었지?"

 손응성이 물었습니다.

 "응, 오래 살아야 그림도 그릴 수 있는 건데……."

"나도 어머니만 아니면 죽고 싶네."

"죽지 마. 이 세상이 얼마나 좋아."

중섭의 천진한 말에 손응성이 웃고 말았습니다.

아이들이 아빠 얼굴을
잊어버리기 전에

소중한 남덕 군

무더위에 잘 지냈소?

태현이와 태성이도 더위에 지치지 않고 잘 지내고 있는지. 아이들의 몸짓 하나하나를 내 눈으로 보고 싶소. 그리고 그들의 모습을 표현하고 싶소.

한순간도 그대들 곁에 있지 않고는 견딜 수가 없소. 하루빨리 만나고 싶어서 못 견딜 지경이오.

태현아, 태성아,

이 아빠는 팬티까지 벗어 던지고 그림에 열중하고 있단다. 아침저녁으로 집 뒤의 바위산 풀덤불 가운데 있는 맑은 물에 몸을 씻고 몸과 마음을 밝고 건강하게 하고 있소.

어제 저녁에는 달이 하도 밝아서 뒷산에 혼자 올라가 달을 바라보며 그대들 생각을 했소. 당신과 아이들 생각으로 밤늦도록 잠을 이루지 못했다오. 당신과 아이들이 정말 보고 싶소.

내 생명의 힘이요, 기쁨의 샘인 남덕 군,

당신만은 대향을 기대하고 모든 정성을 다해 주리라 믿소.

나는 한국의 정직한 화공이라고 자처하오.

어디까지나 나는 한국인으로서 한국의 모든 것을 세계 속에 올바르고 당당하게 표현하지 않으면 안 되오. 여러 가지 어려운 상황에 처해 있는 조국을 떠나는 것은, 우리 민족이 즐기고 기뻐할 작품을 제작하여 다른 나라의 어떤 화공에도 뒤지지 않는 새로운 참표현을 위해 참고하지 않으면 안 될 여러 가지 해야 할 일이 있기 때문이오. 세계의 사람들은 한국인들이 최악의 조건 아래서도 생활해 온 올

바른 표현의 외침을 듣고 싶어 하오.

'선은 재빨리'란 속담이 있듯이, 우리 네 가족이 하루 속히 함께 지내도록 합시다.

자, 우리 네 식구 힘껏 힘껏 껴안읍시다.

그리고 태현이의 공부에 대해서는 너무 신경 쓰지 말아요. 아빠가 가면 꼭 공부에 재미를 붙이도록 지도해 줄 테니까.

다른 집 아이는 아빠가 지도해 주는데…… 하고 성급하게 무리를 하면 당신의 몸만 해치게 되오. 즐겁고 밝게 그리고 천천히 한 가지씩 가르쳐 가면 될 것이오.

아빠가 가면 아이들도 자연 생활에 변화가 생겨서 친구들과 노는 것보다 아빠, 엄마와 함께 있는 것이 즐거울 테니 그때까지 싫증이 나지 않도록 지도해 주구려.

학교 공부란 생활해 가는 데 있어서 약간만 필요할 따름이지 전부가 아니지 않소? 믿음직한 두 아이들은 반드시 훌륭한 정신을 갖고 인생을 살아갈 아이들이라 믿고 있소.

ㅈㅜㅇㅓㅂ

〈가족을 그리는 화가(아들에게 보낸 편지에 동봉한 그림)〉, 1954년

보고 싶은 내 아들 태현아

잘 있었니?

오늘 엄마한테서 온 편지에는 요즘 태현이가 운동회 연습으로 새까맣게 그을려 깜둥이가 되어 가지고 온다고?

태현이의 건강한 모습을 그려 보며 아빠는 기쁜 마음으로 꽉 차 있다. 지든지 이기든지 상관없으니 용감하게 싸워라.

아빠는 오늘도 태현이와 태성이가 물고기와 게하고 놀고 있는 그림을 그렸단다. 엄마가 몸이 아파 누워 있으니 태성이와 장난을 치거나 싸우면 안 돼요. 학교가 끝나거든 늦도록 장난치지 말고 곧 돌아와야 한다.

아빠는 날마다 열심히 그림을 그리고 있단다. 태현이 태성이가 보고 싶어서 하루빨리 일을 마치고 곧 갈 생각이란다.

이번에 아빠가 가면 자전거를 꼭 태현이에게 한 대, 태성이에게 한 대씩 사 줄 참이니 그때까지 사이좋게 잘 놀고 기다려 주기 바란다.

아빠가

중섭은 친구네 집을 전전하면서 떠돌이 생활을 했습니다. 그 무렵, 원산에서 알고 지내던 형인 정치열을 만났습니다.

"중섭아, 있을 곳이 마땅치 않으면 우리 집 이 층에서 지내는 건 어떠냐?"

치열 형은 사업상 부산에서 살게 되어 누상동의 일본식 집은 아래층은 세를 주고 이 층은 비어 있다고 했습니다.

중섭은 참으로 오랜만에 팔조 다다미 넓은 공간에서 혼자 그림을 그리게 되었습니다. 낡은 이층집은 비바람이 치면 지붕이 날아갈 것 같았지만 유리창을 통해 무악재가 보이는 인왕산 풍경은 아름다웠습니다.

중섭은 이른 아침이면 인왕산 계곡에서 냉수 마찰을 하면서 그림 그리는 일에만 몰두했습니다. 마치 창과 방패를 든 투사처럼 한 손에는 붓을 들고 한 손에는 팔레트를 들고 그림 그리기에 열중했습니다. 중섭은 가끔 명동에 나가기도 했지만, 대부분의 시간을 누상동 이층집에서 그림 그리는 일에 몰두했습니다.

'아이들이 아빠 얼굴을 잊어버리기 전에 빨리 일본에 가야 해. 어서 남덕이 진 빚을 갚아 줘야 해.'

중섭은 그림을 그리지 않으면 아내와 아이들과 점점 멀어져 가는 것만 같아 붓을 놓지 않았습니다.

언제나 나를 따뜻하게 격려해 주는 남덕 군

건강히 잘 있었소?

대향은 몸 성히 더욱 컨디션이 좋아 작품 제작에 열을 올리고 있소. 새벽부터 일어나 전등을 켜 놓고 그림을 그리고 있소.

기쁜 마음으로 서둘러 서류를 만들도록 해 주시오. 하루빨리 그대들과 함께 살고 싶소.

이제 얼마 안 있어 그대들을 만날 기쁨을 생각하면 대향은 저절로 싱글벙글 웃음이 난다오. 진심으로 모든 걸 바쳐 사랑할 수 없는 사람은 결코 훌륭한 일을 할 수 없소.

예술은 무한한 애정의 표현이오. 참된 애정에 충만함으로써 비로소 마음이 맑아지는 것이오. 마음의 거울이 맑아야 우주의 모든 것이 올바르게 마음에 비치는 것 아니겠소?

'두드려라, 열릴 것이다.'

그리스도의 말이오.

대향은 그대들 생각으로 하루 종일 꽉 차 있소. 그대들을 만나고 싶어서 머리까지 멍해질 지경이오. 지금 대향은 온통 사방에 늘어놓은 작품에 파묻혀 어질러진 방 한구석에서 당신과 아이들을 생각하면서 이 편지를 쓰고 있소.

자, 기운을 내서 우리 소처럼 뚜벅뚜벅 버티어 나갑시다.

ㅈㅜㅇㅅㅓㅂ.

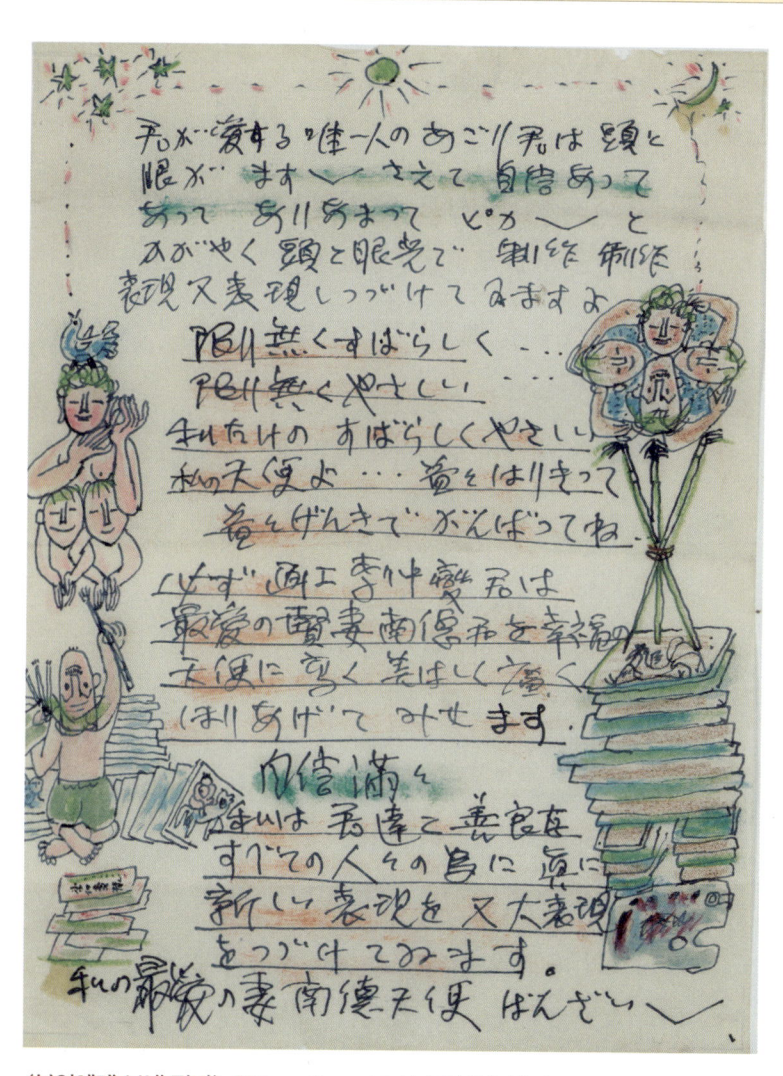

〈부인에게 보낸 편지〉, 25.8cm×19cm, 1954년, 국립현대미술관 소장

보고 싶은 태성이에게

귀여운 내 아들 태성아, 그동안 잘 있었니?

감기에 걸려 아빠가 천도복숭아를 그려 보냈는데 다 나았는지 모르겠구나. 예로부터 천도복숭아를 먹으면 무슨 병이든지 다 낫는다는구나.

태성이는 늘 엄마의 어깨를 두드려 주고 있다고? 참 착하구나. 아빠는 태성이의 착한 마음씨를 기특하게 생각하고 있단다.

우리 태성이가 이렇게 편지를 잘 쓰는지 몰랐구나. 아직 학교에도 안 들어갔는데 산수도 하고 백까지 쓸 줄 안다니……. 아빠는 기쁘고 흐뭇하기만 하구나.

엄마와 형하고 이노가시라 공원에 놀러갔다면서? 아빠가 학교에 다닐 때는 이노가시라 공원 근처에 살았기 때문에 날마다 공원 연못가를 산책하곤 했단다. 연못 속에는 커다란 잉어가 헤엄치고 있었는데 지금도 잉어가 사는지 모르겠구나.

이번에 아빠가 가면 태현이 형에게도 자전거 한 대, 태성이에게도 한 대씩 사 줄 생각이다. 그때까지 엄마 말 잘 듣고 태현이 형과도 사이좋게 지내길 바란다.

지난 일요일에 엄마와 형이랑 교회에 다녀왔다면서? 교회는 참 좋은 곳이지. 여러 가지 좋은 말씀과 착한 일을 많이 배우고…… 우리 훌륭한 사람이 되자.

아빠가 이번에 가면 형하고 엄마하고 유원지랑 영화관이랑 교회에도 다 함께 가 보자. 사이좋게 놀면서 기다려 다오.

아빠가

좋은 그림은 산골 농부도 아는 거야

　영진은 이따금 누상동 집에 찾아와 혈육의 정을 나누다 가곤 했습니다. 영진은 혼자 떠돌면서 아스팔트 인부 노릇을 하기도 하고 공사장 일을 하기도 하면서 고학으로 힘겹게 살아가고 있었습니다. 중섭은 그런 조카 영진을 보면 죄책감에 마음이 아팠습니다.
　"이거 삼촌이 쓰세요. 곧 서늘해지면 덮을 것도 없으시니까."
　영진이 군용 슬리핑 백을 가져왔습니다.
　"좋은 거구나. 너 쓰지 그러느냐?"
　"저는 괜찮아요."

두 사람은 오랜만에 만나 함께 그림 이야기를 나누었습니다.

"삼촌, 저는 이즈음 그림(추상화를 말함)을 통 모르겠어요."

"그건 네가 그림을 잘 안 봐서 그래."

그러다가 중섭은 술을 한 잔 마신 후에 다시 말을 이었습니다.

"사실은 네 말이 옳아. 좋은 그림은 산골 농부도 아는 거야."

"선전 이후, 우리 고유의 빛깔을 잃은 것 같아요. 일본인들이 심사를 하니까 선전에 출품을 하려면 자연히 우리 빛깔을 죽여야 했던 거지요."

"그래, 색은 단순히 사물을 표현할 뿐 아니라, 감정을 표출하는 것이지. 색깔에도 삶이 있는 거야. 우리의 전통을 찾는다는 것은 과거로 돌아가려는 원시적인 시도가 아니라 그동안 잃었던 우리 본래의 모습으로 돌아가려는 거야."

깨어진 유리창 틈 사이로 달빛이 쏟아졌습니다. 두 사람은 그림으로 어질러진 방을 대강 치우고 함께 자리에 누웠습니다.

"고향의 빈대장 생각나세요? 해방되어서 삼촌이 서울에 가셨을 때, 작은어머니하고 저하고 빈대장에서 잤었어요. 그때가 참 좋았는데……."

고향 생각이 나는지 영진이 말했습니다.

달빛이 영진의 그늘진 얼굴을 비추었습니다. 삶에 지친 모습이었습니다.

"사는 게 힘들지?"

"저는…… 잘 지내고 있어요."

"삼촌이라고 보살펴 주지도 못하고…… 고아라고 생각해."

중섭의 말에 영진의 눈가에 고인 눈물이 달빛에 반짝 빛났습니다.

사랑하는 아고리

날씨가 꽤나 추워졌습니다.

소품전도 가까워졌으니 바쁜 나날을 보내고 계시겠지요. 그렇다고 너무 무리는 하지 마세요. 부디 식사나 수면에 조심해서 몸을 소중히 해 주세요.

이번 크리스마스에는 집에서 작은 트리를 만들어 신학교 학생들을 초대해 함께 지낼 생각입니다. 아이들이 좋아하겠지요. 태현이와 태성이에게 크리스마스 선물로 책과 장난감 권총을 사 주기로 약속했습니다.

크리스마스 행사 때 태현이와 태성이가 함께 노래를 부르기로 되어 있습니다만, 태성이는 좀 나은 편인데 태현이가 음치라서 저도 자신을 잃었는지 노래 연습을 잘 안 하려고 합니다. 아빠를 닮았더라면 아무 문제없을 텐데 엄마를 닮아 걱정입니다.

산수는 그런 대로 저녁마다 봐준 보람이 있어 틀리지 않고 잘하는 편입니다. 어서어서 소품전이 끝나 무사히 오실 것을 간절히 빕니다.

그럼 부디 몸조심하시고 긴긴 편지를 기다리고 있겠습니다.

남덕으로부터

아내로부터 온 편지 속에는 태현이가 빨간 크레용으로 서툴게 그린 자전거 그림도 함께 들어 있었습니다. 빨간 자전거는 중섭에게 동경에서 아이들과 손가락을 걸고 한 약속을 일깨워 주었습니다. 중섭은 큰아들 태현이에게 편지를 썼습니다.

언제나 보고 싶은 내 아들 태현아

몸 건강히 잘 있니?

아빠는 태현이가 보내 준 편지를 하루에도 몇 번씩 보고 또 보곤 한단다.

학교에 갈 때는 좀 춥지?

아빠는 감기로 닷새 동안 누워 있었지만 이제는 다 나아, 또 열심히 그림을 그리며 전시회 준비를 하고 있단다.

우리 태현이가 모형 비행기 조립을 잘하는 모양인데 지금쯤은 전부 완성을 했겠지? 이번에 아빠가 가면 꼭 보여다오. 아빠는 하루라도 빨리 동경에 가서 엄마, 태현이, 태성이, 아빠, 이렇게 넷이서 즐겁게 지내면서 일요일에는 영화도 보러 가고 공원에도 놀러도 가고 교회에도 가고…… 그러고 싶어서 못 견디겠다.

아빠는 태현이가 그려 보내 준 빨간 자전거를 타고 꿈속을 달려 바다 건너 너희들이 있는 동경까지 갔다 오곤 한단다.

이번에 아빠가 가면 약속대로 꼭 태현이 한 대, 태성이 한 대씩 자전거를 사 줄 테니 자전거를 잘 탈 수 있게 많이 연습하길 바란다.

어서 빨리 태현이가 자전거 타는 모습을 보고 싶구나.

오늘은 종이가 모자라 한 장에다만 쓴다.

다음엔 길게 길게 써 보내마.

아빠 중섭

은종이 그림 철거 소동

1955년 1월 18일부터 27일까지 미도파 화랑에서 이중섭 작품전이 열렸습니다.

전시된 작품은 종이가 없어 담배 은지에 그린 그림을 비롯하여 〈소〉〈봄의 아이들〉〈아이들과 끈〉〈길 떠나는 가족〉〈옛이야기〉〈피난민과 첫눈〉 등 모두 마흔 다섯 점이었습니다.

카탈로그에는 시인 김광균과 화가 김환기가 글을 썼습니다.

중섭의 예술이 어디다 뿌리를 박고 있는지는 아무도 모른다. 우리 눈을 가로막는 것은 헐벗고 굶주린 한 그루 나뭇가지에 서린 그의 슬픔과 생장하는 자태뿐인데 이 메마른 나무를 중심으로 그가 타고난 것을 잃지 않고 소중히 길러 온 40년을 정리하여 전시회를 갖는 것은 그로 보나 우리로 보나 즐겁고 뜻깊은 일이다.

앞으로 그의 예술의 생장과 방향은 그 자신의 일이겠으나, 모진 전란 속에서 어떻게 용히 죽지 않고 살아 이런 일을 했나 하고 엉덩이라도 한 번 두들겨 주고 싶다…… <김광균>

중섭 형의 그림을 보면 예술이라는 것은 타고난 것 없이는 하기 힘들다는 것이 절실히 느껴진다.

중섭 형은 참 용한 것을 가지고 있다. 어떻게 그러한 것을 생각해 내고 또 그렇게 용한 표현을 하는지 그런 것이 정말 개성이요 민족 예술인 것 같다.

중섭 형은 내가 가장 존경하는 화가로 우리 화단에 일등 빛나는 존재이다…… <김환기>

미도파 전시회는 날마다 파도처럼 밀려드는 사람들의 물결로 성황을 이루었습니다. 누군가 그림에 빨간 딱지를 붙이면 중섭은 곁에 있는 친구에게 귓속말로 속삭였습니다.

"잘한다, 잘해. 또 한 사람 업어 넴겼어."

그리고 나서 그림을 산 사람에게는 정중하게 말했습니다.

"아직 공부가 덜 된 그림입니다. 앞으로 진짜 좋은 그림을 그려, 선생님이 가지신 그림과 꼭 바꾸어 드리겠습니다."

그 말은 빈말이 아니었습니다. 물감을 제대로 쓰지 못하고 그림을 그린 게 마음에 걸려, 중섭은 그림을 사는 사람들에게 그 말을 하지 않을 수가 없었습니다.

전시 기간 중, 은종이 그림 철거 소동이 있었습니다. 은종이에 그린 그림이 춘화라는 이유로 철거 명령이 내려진 것이었습니다. 은종이 그림 대부분이 그리운 가족들을 소재로 그려진 나체화들이기 때문이었습니다.

중섭은 은종이 그림 철거 소동으로 커다란 충격을 받았습니다.

'자유롭게 그림을 그리고자 죽음을 무릅쓰고 월남하

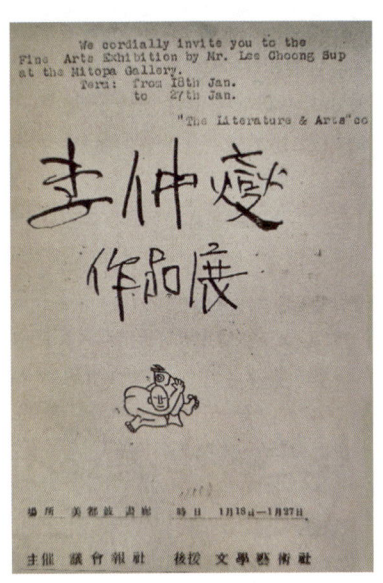

1955년 미도파 화랑에서 열린
「이중섭 작품전」 카탈로그 표지

였더니 어이없게도 춘화라는 이유로 그림을 철거하다니.'

중섭은 맥이 풀렸습니다.

화가인 친구 한묵은 은종이 그림 철거 사건을 이렇게 설명했습니다.

"일제 때, 이웃에 사는 경찰서장 집 불독이 우리 집 병아리를 물어 죽인 거나 다름없었다. 그 철거 사건이 있은 후, 중섭이가 제 정신을 가누지 못하고 완전히 케이오가 돼 버린 것은 중섭이를 쥐뿔도 모르는 사람들이 이렇다 저렇다 간섭을 했던 탓이었다. 이 은종이 그림들을 당국은 음탕한 춘화로 봐 버린 것이지만, 중섭이는 저들이 생각하는 것처럼 추잡한 생각을 하고 나체화를 그린 것은 절대로 아니다. 그림에 나타나는 인물들을 잘 살펴보자. 여자, 남자, 어린아이 모두 벌거숭이로 등장하지 않던가. 동물도 마찬가지다. 소는 차라리 헐벗은 인간상을 그렸다는 인상이다. 물고기가 육지로 출장을 나오며 동물과 인간은 동족이 되어 산다. 신분 증명을 필요로 하지 않는 자유의 왕국인 것이다. 이런 점은 가식을 싫어하는 중섭이의 천진무구한 동심 때문이다. 동심이야말로 중섭이의 본질인 것이다. 또한 중섭이의 예술과 인간을 이해하는 요체이기도 하다."

10일 간의 전시회는 사막에서 빗줄기를 만난 듯 전쟁을 겪어 메말랐던 많은 사람들에게 찬란한 무지개를 보여 준 셈이었습니다.

그림은 모두 스물여섯 점이 예약되었습니다. 전쟁이 끝난 지 얼마 되지 않아 모두들 사정이 어려운 당시로서는 보기 드문 일이었습니다.

친구들은 그림 값을 받기 위해 동분서주 바쁘게 뛰어다녔습니다. 그러나 전쟁을 치른 후, 사정이 어려워 그림 값은 생각보다 잘 걷히지 않았습니다.

"자네 왜 절룩거리나?"

친구가 발을 절며 걷는 중섭에게 물었습니다.

"짐승 시체가 산 사람의 고기를 먹고 싶어 대들기 때문이지."

"그게 무슨 말인가?"

"짐승 시체란 낡은 구두고 산 사람의 고기란 내 발꿈치라네. 하하."

"원, 사람도 참······."

그제야 친구는 중섭이 종일 걸은 탓에 딱하게도 양말마저 뒤꿈치가 해져, 그곳에 신발이 닿아 발이 아파 절룩거린다는 것을 알게 되었습니다.

전찻삯이 없어 중섭은 친구와 함께 낡은 구두가 발꿈치를 핥아 종일 발이 부르트도록 다녀도 수금은커녕 그림을 사기로 예약한 사람조차 만나기 힘들었습니다. 간혹 만나더라도 지금은 사정이 어려우니 좋아지는 대로 주겠다고 미루기 일쑤였습니다. 그림 값을 받으러 다니면서 중섭은 현실의 냉혹함에 또다시 고개를 떨구었습니다.

"대구로 가자. 대구에서 한 번 더 전시회를 열자구."

구상이 중섭의 어깨에 손을 얹으며 힘을 북돋아 주었습니다.

내 그림을
스페인 투우와 비교하다니

　그 겨울 중섭은 구상과 함께 그림을 짊어지고 대구로 내려갔습니다. 두 사람은 대구역 부근 경복여관에 투숙하고 있는 소설가 최태응을 찾아갔습니다. 그곳에는 기인으로 알려진 '포대령' 이기련 대령과 그 밖의 예술가들이 자주 드나들었습니다.
　포대령은 중부 전선에서 미고문단 장교에게 결투를 신청하면서 한국군 작전 계획을 고집한 기인이었습니다.
　구상으로부터 중섭이 개인전을 열기 위해 왔다는 말을 전해 들은 최태응은 경복여관에 머물며 그림을 그릴 수 있도록 배려해 주었습니다.

최태응은 친구들의 도움을 얻어 그림 도구를 마련해 주었으며 서울로 가는 인편에 물감을 사 오게 해, 중섭이 그림을 그릴 수 있는 모든 재료를 구비해 주었습니다.
　중섭은 경복여관에 묵으며 다시 그림 그리기에 몰두했습니다. 중섭이 대구에 왔다는 소식이 전해지자, 그동안 중섭을 알고 지내던 친구들이 경복여관으로 모여들기 시작했습니다.
　중섭은 날마다 찾아오는 사람들에게 시달리고 술에 지쳐 제대로 그림을 그릴 수가 없었습니다.
　"형아, 아주머니도 보고 싶고 형아네 아이들도 보고 싶다. 우리 칠곡 가자."
　칠곡은 아내와 아이들을 두고 온 최태응의 집이 있는 곳이었습니다. 사람들의 시달림에 지친 중섭은 최태응을 졸랐습니다. 그곳에서라면 사람들을 떠나 그림을 그릴 수 있을 것 같아서였습니다.
　초등학교 선생님인 최태응의 아내는 중섭을 반가이 맞아 주었습니다. 이른 아침이면 중섭은 들판으로 그림을 그리러 나갔습니다.
　"오늘은 연못이 나에게 잘 오지 않네."
　연못을 그리던 중섭이 그림을 찢으면서 말했습니다.

"이 사람, 그러다가 하나도 못 그린다."

곁에서 지켜보던 최태응이 안타까움에 나무랐습니다.

"이런 그림 그리면 죄로 간단 말일세. 시간의 흐름을 견딜 수 있는 그림을 그려야 해."

중섭은 결코 사물과 친하지 않고는 쉽게 그릴 수 있는 사람이 아니었습니다. 송도원에서도 소도둑으로 몰릴 만큼 소를 관찰한 후에야 그림으로 그릴 수 있었고, 원산에서도 닭니가 오를 만큼 닭을 관찰한 후에야 그림으로 그릴 수 있었습니다.

해군 후생선을 타고 피난 올 때도 누군가 갑판 위에서 갈매기를 한번 그려 보라고 했을 때, "하루 이틀 본 것을 그림으로 그릴 수 있나요." 하고 대답했던 그였습니다.

중섭은 밤이면 남덕과 아이들의 이름을 부르며 잠꼬대를 했습니다. 어느 때는 중섭이 남덕 목소리를 흉내 내기도 하고 아이들 목소리를 흉내 내기도 하며 혼자서 네 사람 역할을 하면서 이야기를 나누곤 했습니다.

"사람이 빚을 진다는 것은 죄악이야. 당신 빚만 갚으면 대작을 그릴 수 있을 것 같아. 조금만 더 기다려요."

하다가도 이내 남덕의 목소리로,

"빨리 오세요, 아이들이 얼마나 당신을 보고 싶어 하는지 아세요?"
 하는가 하면 이번에는 아이들 목소리를 흉내 내면서,
 "아빠, 자전거는 언제 사 주실 거예요?"
 "아빠, 우리들하고 손가락 걸고 약속했지? 아빠 손가락은 거짓말 안 하지?"
 그러가다 다시 자신의 목소리로 말했습니다.
 "그래, 그래. 아빠가 그 약속을 어떻게 잊을 수가 있겠니? 이번 전시회가 끝나면 곧 동경에 가서 자전거를 한 대씩 사 주마. 꼭 약속할게."
 옆방에서 들려오는 중섭의 혼잣말 소리를 들으면서 최태응 부부는 눈시울을 적셨습니다. 중섭은 이른 새벽이면 누구보다도 일찍 일어나 쓰레기를 치우기도 하고 마당을 말끔히 쓸어 놓기도 했습니다.
 최태응은 중섭의 황소 그림을 미문화원장인 맥타가트에게 보여 주면서 문화원에서 전시회를 할 수 있도록 주선해 달라고 부탁했습니다. 미술 비평가이기도 한 맥타가트는 중섭의 그림을 보고 놀라워하면서 쾌히 승낙했습니다.
 세 사람이 함께 만났을 때, 맥타가트가 황소 그림을 스페인의 투우 같다고 하자 중섭은 화가 나서 그 자리에서 일어섰습

〈흰 소〉, 1952년

니다.

"내가 그린 소는 싸우는 소가 아니라 고생하는 한국의 순한 소란 말입니다."

중섭은 그 자리를 박차고 나왔습니다.

"내 그림을 스페인 투우와 비교하다니…… 내 그림이 그렇게 보이면 나는 다 틀렸어!"

그해 5월, 중섭은 대구 미문화원에서 작품 전시회를 열었습니다. 중섭은 맥타가트가 그림을 사려고 하자 단호하게 거절했습니다. 스페인 투우 같다고 한, 그의 말에 아직도 화가 나 있었습니다. 하는 수 없이 맥타가트는 최태응을 통해 은지화 세 점과 그림 두 점을 사 뉴욕에 갈 때 갖고 갔습니다.

최태응은 가능한 한 중섭을 전시장에서 멀리 있게 했습니다. 왜냐하면 중섭이 전시회에 온 사람들에게 '내 그림은 가짜야!' 하고 떠벌리기 때문이었습니다.

대구에서 열린 작품전은 지방 도시라는 취약점도 있었지만 그림이 몇 점 팔렸다 해도 대부분 술값으로 탕진되었습니다.

마지막 희망을 걸었던 작품전이 물거품처럼 끝나 버리자 중섭은 벼랑 끝에 서 있는 것만 같았습니다. 그 끝에 서서 중섭은 아무리 덧칠을 해도 다시는 푸르러질 수 없는 먹빛 하늘을 보았습니다.

나는 그림을 그린답시고
세상을 속였어

"잘 타라. 잘 타라, 가짜 그림아!"

뭔가 타는 냄새가 나서 최태응이 아래층에 내려가 보니 중섭이 여관 아궁이에 제 그림을 불쏘시개로 쑤셔 넣고 태우고 있었습니다.

"이 사람아, 자네 미쳤나? 그림을 태우다니……."

최태응이 중섭을 말렸습니다.

"이런 가짜 그림을 그리는 건 죄로 간단 말일세."

어느 땐 중섭이 그림을 우물 속에 처넣기도 했습니다.

최태응이 두레박에 갈고리를 달아 그림을 건져 볕에 말려 보관하기도 했습니다.

　새벽에 중섭이 없어진 걸 알고 최태응이 찾아보면 중섭은 아이처럼 단정히 무릎을 꿇고 여관 복도를 말끔하게 걸레질을 하고 있었습니다. 걸레질 하는 중섭의 몸짓은 그림을 그릴 때처럼 진지했습니다. 여관 주인은 날마다 일하는 계집아이가 말끔히 닦아 놓는 줄로만 알고 있었습니다.

　"댓돌 위에 신발들이 몽땅 없어졌어요! 누가 훔쳐 갔나 봐요."

　여관에서 일하는 아이가 호들갑을 떨면서 주인에게 말했습니다.

　한바탕 소동이 일어나 잃어버린 신발들을 찾아보면 옥상 위에 없어진 신발들이 깨끗이 닦인 채, 나란히 햇볕에 널려 있었습니다.

　"신발들은 고귀한 것이야. 꿈이 이끄는 대로 데려다주니까."

　중섭이 신발들 곁에 쭈그리고 앉아서 마르기를 기다리며 혼잣말을 했습니다. 때로는 동네 아이들이 제 그림자를 하나씩 달고 차례대로 수돗가에 줄을 서 있곤 했습니다.

　"자, 이번에는 누구 차례지? 아무리 바빠도 질서를 지켜야 해요. 질서는 편하고 아름다운 것."

　중섭은 코흘리개 아이들의 얼굴과 더러운 손을 말끔히 닦아

⟨두 아이⟩, 8.5cm×15cm, 1950년대

주었습니다.

"조 녀석은 이마가 이쁘고, 요 녀석은 귀가 이쁘네. 아무리 못생겨도 어떤 녀석이건 한 군데 이쁜 곳이 있단 말이야."

중섭은 아이의 코를 닦아 주고 땟국물이 흐른 얼굴을 뽀드득 소리가 나도록 씻어 주곤 했습니다. 그 코흘리개 아이들은 바로 중섭의 아들이자 딸이었습니다.

"나는 그림을 그린답시고 세상을 속였어. 놀면서 공밥만 얻어먹고 뒷날 무엇이 될 것처럼 말이야. 남들은 저렇게 세상을 위하여 바쁘게 일하는데 나 혼자 그림만 신주처럼 모시고 다니고…… 먹기 위해 살고 살기 위해 먹는 세상, 하지만 나는 이제 먹고 싶지도 않고 배고프지도 않아."

그 무렵부터 중섭은 자꾸만 피가 나도록 손가락을 문지르면서 말했습니다.

"손가락은 왜 자꾸 문지르나? 피가 나지 않아?"

"내 손가락이 미워서 그래. 가짜 그림만 그리고 거짓부렁만 하는 손."

중섭은 자전거를 사 주기로 손가락을 걸고 한 아이들과의 약속을 지키지 못해 그 죄책감에 시달리며 자꾸만 그 몸짓을 되풀이했습니다. 그때부터 중섭은 아내로부터 오는 편지들을 뜯어보지 않았습니다.

"두 번째 단추가 보인다. 그러면 밥을 먹지 말라는 신호야."

중섭이 밥을 가져와도 먹지 않는 버릇이 생긴 것도 그 무렵이었습니다. 최태응은 아무래도 중섭이 이상해진 것 같아 정신과 의사 김준명을 여관으로 불러 중섭과 함께 술을 마시며 자연스럽게 증세를 관찰해 보도록 했습니다.

최태응은 구상과 의논하여 중섭을 성가병원에 입원시켰습

니다.

중섭이 입원한 성가병원 9호실은 잠잘 곳 없는 예술가들의 숙소나 다름없었습니다. 중섭은 그들에게 침대를 내어 주고 자신은 침대 밑에서 잠을 잤습니다.

성가병원에서도 중섭은 입원한 날부터 음식을 거부했습니다. 그러고는 병원 복도와 계단을 말끔히 쓸고 닦았습니다.

"내가 동경에 그림 그리러 간다는 건 거짓말이었어. 남덕이와 아이들이 보고 싶어서 그랬지."

구상이 문병을 오자 중섭은 고해 성사를 하듯이 귀에 대고 말했습니다.

중섭은 구상에게 쪽지 편지를 써 주면서 집에 가서 읽어 보라고 했습니다. 편지에는 이렇게 씌여 있었습니다.

'제(弟)는 형(중섭은 후배에게도 형이라는 호칭을 썼다)을 따라 하나님을 믿으려고 결심했습니다. 교회에 나가 모든 잘못을 씻고 예수 그리스도의 성경을 정성껏 배워 맑고 바른 참사람이 되겠습니다.'

중섭의 소식을 듣고 서울에서 이광석이 왔습니다. 중섭을 본 이광석은 깜짝 놀랐습니다. 음식을 거부해 먹지 못한 탓으로 중섭은 뼈만 앙상하게 남아 있었습니다.

'원산 송도원 모래밭에서 뛰어놀던 예전의 중섭은 그리스의 조각처럼 늠름하고 아름다웠는데…….'

이광석이 눈시울을 붉혔습니다.

중섭은 이광석을 따라 다시 서울로 향했습니다.

1955년 여름이었습니다.

기차 안에서 광석이 미문화원장 맥타가트가 가지고 간 그림들 중 은종이 그림 세 점이 뉴욕 근대 미술관에 소장되었다는 소식을 전해 주었습니다.(은종이 그림은 현대적인 재료의 개발과 독특한 기법으로 한국인의 정서를 잘 표현해 뉴욕 근대 미술관에 소장되었다.) 그러자 중섭이 차창 밖으로 흘러가는 풍경을 무심하게 바라보면서 아이처럼 천진하게 웃으며 말했습니다.

"내 그림 비행기 탔겠네!"

넌 나를 정신병자라고 믿지 않지?

서울에 온 중섭은 신촌에 있는 이광석의 집에 머물렀습니다. 중섭은 스님처럼 머리를 삭발하고 피가 나도록 손가락을 문질러 대는 동작을 되풀이했습니다. 거식증이 심했지만 광석의 아내가 떠 주는 죽만은 조금씩 받아먹었습니다.

이광석이 미국에 초청 교수로 가게 되자, 중섭은 아주머니 혼자 있는 신촌 집에 더 이상 머물 수가 없었습니다. 군의관인 수도 육군 병원의 유석진 소령과 구상이 서로 잘 알고 있는 사이였으므로 중섭을 종군 화가 자격으로 그 병원에 입원시켰습니다.

얼마 후, 한묵이 중섭을 문병 갔을 때 군복을 입은 간호사들이 거식증 환자를 의자에 묶어 놓고 죄인처럼 다루는 모습을 보게 되었습니다.

"이 병원에서는 환자를 그렇게 다룹니까?"

한묵이 보다 못해 간호사들에게 한마디 던졌습니다.

"거식증 환자는 어쩔 수 없어요. 이렇게 하지 않으면 통 먹지 않으니까요."

그 광경을 목격한 한묵은 유석진 소령을 만나 의논했습니다. 유석진 소령은 중섭을 삼선교에 있는 자신의 개인 병원인 성베드로 병원으로 옮길 수 있도록 주선해 주었습니다.

한묵은 성베드로 병원에서 그리 멀지 않은 혜화동의 친구 집에서 지내고 있었으므로 중섭을 자주 만나러 갈 수 있었습니다. 조카 영진이 찾아가자 중섭은 자신의 초상화를 실물에 가깝게 그린 그림을 보여 주었습니다.

"나더러 정신병자라고 하길래 내가 정신병자가 아니라는 것을 보여 주려고 사진처럼 그렸다. 영진아, 넌 나를 정신병자라고 믿지 않지? 그렇지?"

중섭의 말에 영진은 목이 메어 대답할 수가 없었습니다.

"그렇지, 영진아?"

중섭이 애절하게 되물었습니다.

"그래요, 삼촌. 삼촌은 정신병자가 아니에요."

영진이 눈물을 삼키며 말했습니다. 바로 이 그림은 중섭이 자신의 모습을 그린 처음이자 마지막 초상화였습니다.

〈자화상〉, 48cm×31cm, 1955년

중섭은 유석진 박사의 극진한 보살핌으로 차도를 보여 병세가 많이 좋아졌습니다. 간호사가 가져온 진료 카드에 그림을 그리기도 하고 낙서를 하기도 했습니다.

한묵은 유석진 박사에게 중섭이 어느 정도 회복되고 본인이 그토록 나오고 싶어하니 친구 집이 있는 정릉골에 함께 가 있었으면 한다고 의논했습니다. 유석진 박사도 회복 단계인 중섭에게 필요한 내과 시설이 없어 허락해 주었습니다.

중섭은 아내에게 이렇게 편지를 썼습니다.

소중한 남덕군,

　대구와 서울의 여러 친구들의 정성어린 보살핌으로 이젠 완전히 건강을 되찾아 며칠 뒤에는 베드로 병원에서 퇴원하게 되니 안심하길 바라오.
　너무 그대들이 보고 싶어 무리한 탓이라고 생각하오. 당신 혼자 아이들을 데리고 고생하게 해서 면목이 없구려.
　요즈음 그림도 그리며 건강하게 지내고 있으니 걱정 마시오.
　4~5일 후에는 하숙을 정해서 당신과 아이들에게 그림을 그려 보낼 생각이오.
　건강에 주의하고 조금만 참고 견디시오. 동경에 가는 것은 병 때문에 어려워졌소. 당신과 아이들이 이곳으로 올 수 있는 방법을 생각해 보도록 합시다.
　다시 연락하겠소. 소식 기다리오.

　　　　　　　　　　　　　　　　　　　　　중섭

돌아오지 않는 강

　중섭은 한묵과 함께 정릉 골짜기 은행나무가 있는 집에 하숙을 정했습니다. 방 둘을 빌려, 방 하나에는 그림 도구와 짐을 넣고 나머지 방에서 한묵과 함께 지냈습니다.

　정릉은 공기가 맑고 조용해 중섭이 지내기에 좋은 곳이었습니다. 중섭은 정릉에 온 이후, 건강이 나날이 좋아져 산책도 하고 스케치를 하기도 했습니다. 신촌에 있을 때 삭발한 머리도 꽤 자랐습니다.

　중섭은 한묵의 그림 물감을 얻어 그림을 그려 보았지만 마음처럼 잘 그려지지 않았습니다.

"아무래도 난 그림을 못 그릴 것 같아. 묵이 좋은 그림 많이 그려."

중섭은 때때로 화구 박스를 베고 낮잠을 자곤 했습니다. 화구 속의 붓들이 꿈속으로 춤추듯 걸어 나와 꿈속의 세상을 아름답게 색칠했습니다. 그 꿈속의 세상은 어디선가 많이 본 듯 낯설지 않았습니다. '서귀포의 환상' 그림 속 같기도 하고 아닌 것 같기도 했습니다.

잠은 꿈꾸게도 하지만 지친 중섭의 몸과 마음을 쉬게 해 주었습니다. 한번은 하숙집 아주머니가 밥상을 들고 오다가 중섭이 화구 박스를 베고 자는 모습을 보았습니다. 꿈을 꾸고 있는지 잠든 얼굴에는 초생달 같은 웃음이 걸려 있었습니다. 아마 꿈을 꾸고 있나 봅니다.

아주머니는 낡은 벨벳 치마로 손수 베개를 만들어 중섭에게 주었습니다. 하지만 중섭은 송구스러워하면서 거절했습니다.

"중섭아, 아주머니의 성의를 봐서도 그래선 안 되지 않니?"

친구의 말에 중섭은 마지못해 그 베개를 받았지만 여전히 화구 박스를 베고 잠을 잤습니다.

그 이유는 그 베개가 여자의 치마로 만들어졌다는 것과 같이 자는 친구도 베개 없이 자는데 혼자서만 편히 잘 수 없다는 미안함에서였습니다.

날씨가 점점 추워져 겨울의 문턱에 들어서자, 중섭은 방 안에 갇혀서 지내는 일이 많아졌습니다. 그러자 우울증이 심해졌습니다. 동경에서 아내 남덕으로부터 편지가 오는 날에는 더욱 심했습니다.

정릉 골짜기의 겨울은 추웠습니다. 밤새 하얗게 눈이 내리던 밤, 한묵이 잠을 자다 깨어 보니 중섭이 벌거벗은 채 부처님처럼 앉아 벽을 향해 마치 누군가에게 이야기하듯 혼자 중얼거리고 있었습니다.

"국수 한 그릇 뜨끈뜨끈하니 말아서 훅훅 불면서 훌쩍훌쩍 먹자꾸나!"

한묵은 중섭이 무슨 얘기를 하는지 알 것도 같고 모를 것도 같았지만 모른다고 해도 굳이 묻고 싶지 않았습니다.

"콧물이 줄줄 긴 가닥은 네가 먹고, 짧은 가닥은 내가 먹자꾸나!"

한묵이 받아넘기면 벌거숭이 갈비씨가 구들장이 울리도록 소처럼 겅중겅중 뛰었습니다. 그 모습을 보는 순간 한묵은 코가 매큼해지고 눈시울이 뜨거워졌습니다.

긴 겨울을 추운 방에서만 지내기 힘들어 두 사람은 가끔 명동으로 나갔습니다. 중섭의 거식증은 여전했지만 친구들을 만나면 술로 끼니가 때워졌습니다. 끊었던 담배도 다시 피우게 되었습니다.

"불만 있는 친구 없어?"

중섭이 담배를 입에 물고 불이 있는 친구를 찾았지만 '불만이 있는 친구'로 들렸습니다.

"난 불 필요한 사람이야."

중섭이 친구의 담뱃불로 제 담배의 불을 옮겨 붙이며 '불이 필요한 사람'이란 뜻으로 말했지만 친구들에겐 '불필요한 사람'이란 느낌으로 전해졌습니다.

친구들과 술잔을 돌리면서 술을 마시다가도 중섭은 갑자기 제 술잔을 엎고 "우리 이렇게 놀면 안 되지." 하면서 모두에게 예술가의 사명을 일깨우곤 했습니다.

"어쩌려고 또 그렇게 술을 마셔."

구상이 와서 중섭의 건강이 걱정되어 말하면 중섭은 까칠해진 금빛 수염 사이로 미소를 지을 뿐이었습니다.

하루는 한묵이 외출했다가 돌아와 보니 중섭이 신문에 실린 영화 광고를 오려 벽에 붙여 놓고, 그 밑에는 아내 남덕한테 온 편지를 다닥다닥 붙여 놓았습니다. 당시 상영중이던 '돌아오지

〈돌아오지 않는 강〉, 20.2cm× 16.4cm, 1956년

않는 강'이란 영화였습니다.

'사랑은 돌아오지 않는 강의 여행자 – 돌아오지 않는 강'

저 멀리 바다 건너 돌아오지 않는 아내와 아이들, 그리고 다시는 되돌아오지 않는 시간들.

중섭은 한묵의 그림 물감을 빌려 그림을 그렸습니다.

〈돌아오지 않는 강〉은 중섭이 그린 마지막 그림이었습니다.

기다림에 지친 중섭의 삶과 얼마 남지 않은 그의 미래를 암시하듯 그 그림은 암울한 분위기였습니다.

참, 자넨 대답할 수가 없지

 골짜기의 얼음이 풀리고 정릉골에도 봄이 왔습니다.
 중섭의 거식증은 점점 심해져 마른 나뭇가지처럼 여위어 갔습니다. 한묵이 유석진 박사에게 찾아가 상의를 하니 환절기가 되면 흔히 재발한다고 했습니다.
 중섭의 얼굴빛은 점점 노랗게 변했습니다. 몸집은 가랑잎의 무게만큼 가벼워 움직일 때마다 바스락 소리가 날 것만 같았습니다. 한묵은 중섭의 병세가 심상치 않자 더럭 겁이 나, 몇몇 친구들과 상의해 청량리 뇌병원에 입원시켰습니다.
 "이 사람은 정신 이상이 아니라 내과 질환입니다."

담당 의사는 중섭을 보자 간염으로 황달 현상을 보이는 환자를 뇌병원에서 치료할 수 없으니 다른 병원으로 가라고 일러 주었습니다.

조각가 차근호가 군의관 윤호영 소령에게 부탁해 중섭은 서대문 적십자 병원에 다시 입원하게 되었습니다.

1956년 7월, 무더운 여름이었습니다. 적십자 병원에서도 중섭은 음식을 거부했습니다. 황달기가 있는 그의 몸은 점점 부어올랐습니다.

'이젠 아무도 오지 않아.'

무더위가 기승을 부리자 찾아오는 친구도 뜸해졌습니다. 병실에서 중섭은 사람들의 인기척이 얼마나 절실한지 깨달았습니다. 기다림에 지치다가 약간이라도 기운이 나면 중섭은 은지에 손톱으로 그림을 그렸습니다.

"네가 올 줄 알았지. 누가 오기 전에 몇 시에 오는 것을 느낄 수 있어. 죽으려나 봐."

영진이 오자 중섭이 반가이 맞으며 힘없이 미소를 지었습니다.

"곰탕이 먹고 싶어."

중섭의 말에 영진이 근처 곰탕집에서 곰탕 한 그릇을 사 왔습니다. 영진의 부축을 받아 침대에서 일어난 중섭은 곰탕 국

〈달과 까마귀〉, 26.5cm×36.5cm, 1954년

물을 조금 입에 대다 말았습니다. 중섭은 식사도 거부하고, 수혈도 거부하고, 링거도 거부했습니다.

초가을의 문턱인 9월이었습니다. 중섭은 병실 유리창 밖 전깃줄에 까마귀가 앉아 있는 것을 보았습니다.

'한 마리, 두 마리, 세 마리, 네 마리, 다섯 마리…….'

까마귀들은 마치 중섭의 그림 속에서 빠져나온 듯, 모두 다섯 마리였습니다.

'어머니를 고향에 두고 우리 다섯 가족이 저 하늘처럼 짙푸른 자유를 찾아왔건만 모두들 뿔뿔이 흩어지고 말았어.'

중섭은 까마귀들이 날개를 퍼덕이며 슬프게 우짖는 소리를 들었습니다. 친구들의 발길도 끊긴 텅 빈 병실에서 중섭은 지상에서 떨어지는 마지막 빗방울 소리를 듣고 있었습니다.

> 세월은
> 우리의 연륜을 묵혀 가고
> 철 따라 잎새마다
> 꿈은 익혔다 뿌리건만
> 오직 너와 나와의
> 열매와 더불어
> 종신토록 이렇게
> 마주 서 있노라

9월 6일, 중섭은 아무도 지켜보지 않는 병실에서 홀로 숨을 거두었습니다.

그의 머리맡에는 구상의 〈세월〉이란 싯귀와 함께 해와 달, 나무와 초가집 그리고 자전거를 타고 노는 아이들을 그린 그림이 있었습니다.

1956년 9월 6일 오전 11시 45분 간장염으로 입원
가료 중 사망. 이중섭 40세.

적십자 병원 영안실 흑판에는 이렇게 쓰여 있었습니다. 중섭의 주검은 무연고자로 3일 동안 영안실에 방치되었습니다. 시트에는 그동안 밀린 병원비 계산서가 붙어 있었습니다.

중섭의 죽음을 처음 알게 된 친구는 김병기였습니다. 병실로 중섭을 만나러 간 김병기는 유해를 찾는 친지도 없이 시체실에 방치되어 있는 친구의 마지막 모습에 통곡했습니다.
김병기는 미국에서 돌아온 이광석과 조카 영진 그리고 친구들에게 중섭의 죽음을 알렸습니다.
9월 9일 예술인장으로 치러진 고 이중섭 화백의 영결식장에는 그를 아끼던 이 땅의 예술가들이 구름처럼 모여 병원 광장을 메웠습니다.
"저렇게 유명하신 분인데 어떻게 아무도 몰랐을까요?"
연고자를 몰라 시체실에서 사흘이나 방치되었던 한 예술가의 장례식을 보면서 병원의 한 관계자가 말했습니다. 몇몇 친

구들이 그의 영구를 따라 무악재를 넘어 홍제동 화장터로 향했습니다.

길가에는 무더기로 핀 코스모스가 만장처럼 바람에 나부꼈습니다. 꽃들은 이듬해 다시 피지만 중섭은 다시는 되돌아올 수 없는 길을 가고 있었습니다. 중섭의 유해는 봉원사 절에 맡겨졌다가 망우리 공동 묘지에 묻혔습니다.

한 삽 흙이 뿌려질 때 구상이,

"중섭이!"

하고 불렀습니다.

"참, 자넨 대답할 수 없지."

대향 이중섭 화백 묘

조각가 차근호가 고인의 두 아들이 얼싸안고 있는 모습을 새긴 묘비에 한묵이 글씨를 썼습니다.

살아서 번지도 없이 떠돌다가 망우리에 와서 묘비를 문패처럼 지니게 된 화가 이중섭. 중섭의 유골은 반으로 나뉘어, 나머지 반은 구상을 통해 일본의 아내에게 보내졌습니다.

살아생전 몸은 이 땅에 있어도 마음은 먼 나라에 있는 아내

와 아이들을 애타게 그
리던 이중섭. 세상을 떠
나서도 두 마음이 되어,
이 땅의 하늘과 아내와
아이들이 있는 먼 하늘
을 함께 그리고 있을 화
가 이중섭.

  이중섭은 자신이 지
닌 화가로서의 꿈을 다
펼쳐 보지도 못한 채,
그렇게 세상을 등지고
말았습니다.

사후에 영정으로 쓰인 사진 (사진 허종배)

화가 이중섭.

  사람들은 그를 천재 화가, 또는 국민 화가라고도 합니다.
  그는 지금 이 세상에 없지만 그의 그림은 소의 숨결로, 어린이의 숨결로 남아 이 땅에 숨 쉬고 있습니다.
  그의 그림으로 세상은 한층 환해질 것입니다.

작가의 말

그리움의 별은 우리를 꿈꾸게 한다

아마도 그것은 별이 아니리라
먼저 세상을 떠난 사랑하는 사람들이 하늘에서
우리를 내려다보며 그들이 행복하다는 것을 알려주기 위해
반짝이며 빛을 내는 천국의 입구이리라

[이누이트 족 인디언 전설]

'별이 빛나는 밤하늘은 나를 꿈꾸게 한다.'
〈별이 빛나는 밤〉을 그린 화가 빈센트 반 고흐는 동생 테오에게 보내는 편지에 이렇게 썼습니다. 젊은 시절 생을 마감한 화가 이중섭과 고흐는 닮은 점이 많이 있습니다. 고흐가 동생 테오에게 남긴 편지가 있다면 이중섭도 아내와 아이들에게 많은 편지를 남겼습니다.

다른 점이 있다면 고흐는 결혼을 하지 않았고 이중섭은 두 아들을 둔 아버지였습니다. 화가이기 전에 아버지인 이중섭은 생명의 근원을 사랑하고 그 사랑을 그림에 투영했습니다. 이중섭의 그림이 어린이의 마음처럼 때 묻지 않은 것은 그림 속에 첫눈 같은 순수함이 녹아있기 때문입니다.

이중섭은 일본에 있는 가족들과 헤어져 오직 아내와 아이들에 대한 그리움으로 그림을 그렸습니다. 그림이 그리움의 줄인 말이라면 그리움의 바탕은 순수한 사랑입니다.

이중섭 화가의 그림을 보면 사랑이 깃든 목소리로 우리에게 다정하게 말을 걸어옵니다. 그림을 오래 보고 있으면 마치 이름 모를 새를 가슴에 품은 듯 마음이 따뜻해집니다.

전쟁 때, 종이가 없어 담배 은종이에 그림을 그렸다는 화가의 그림은 우리 자신도 모르게 눈시울을 글썽이게 합니다.

그리움을 길어 올린 아득한 시간으로 화가의 영혼은 은종이처럼 빛났으나 찬란하던 그 순간, 화가는 40세의 나이에 홀로 죽음을 맞이하게 됩니다.

오래 전, 스위스 융프라우에 갔을 때 전해 들은 이야기가 생각납니다. 사랑하던 두 연인이 융프라우에 왔다가 청년이 얼음 골짜기에 빠져 생을 마감하자 홀로 남은 여인은 어느덧 할머니가 되었습니다. 골짜기의 얼음이 녹아 청년이 떠내려왔는데 두 연인은 한 사람은 젊은 모습이고 한 사람은 노인의 모습이었습니다.

화가의 아내 이남덕 여사는 지난 해 101세의 나이로 일본에서 세상을 떠나셨습니다. 화가가 아내에게 남긴 유산은 오직 생을 보태는 나이테 뿐이었습니다. 40세의 화가는 101살이 된 아내의 모습을 기억할 수 있을까요?

융프라우의 연인들처럼 모습이 달라져도 아내는 긴 세월 눈물에 새긴 대한민국 국민 화가를 기억할 것입니다.

내 유년의 별, 화가 이중섭.
길을 잃을 때마다 그 빛을 빌렸으며 가슴이 시려 올 때마다 모닥불에 시린 손을 쬐듯 온기를 빚졌습니다.

이 책을 읽는 어린이들도 밤하늘 별을 보며 꿈꾸다 길을 잃으면 별자리로 길을 찾게 되길 바랍니다.

그린애플 출판사와 박성아 편집자님을 통해 〈어린이를 사랑한 화가 이중섭〉이 다시 빛을 찾아 이중섭 화가의 생을 이어주신 것만 같아 마음 깊이 감사드립니다.

천사의 도시 Los Angeles에서
동화작가 강원희

이중섭 생애

1916년	9월 16일 평양 평원군 송천리에서 출생
1920년	5살 무렵 아버지 별세
1923년	종로 공립보통학교에 입학
1929년	평안북도 정주의 오산학교 입학 (들판의 소를 처음으로 소재로 삼아 그리다.)
1931년	원산 동일은행에 다니던 중석 형이 어머니를 모시고 원산으로 이사 (방학 때 원산으로 온 중섭이 명사십리와 송도원 해수욕장에서 바다낚시와 수영을 하며 물고기의 소재와 친하게 되다.)
1932년	형 중석이 악기점, 레코드점, 문구점 등을 갖춘 백두 백화점을 경영하다. (방학 때면 집에 와 고전 음악 감상에 심취하다.)
1934년	오산학교 졸업 졸업 앨범에 한반도에 현해탄 쪽에서 불길이 날아드는 그림을 그려 물의를 일으키다. 일본 동경 유학 및 제국미술대학 1년 수료
1935년	일본의 문화학원 입학
1936년	문화학원 후배인 야마모토 마사코를 만나다.
1940년	문화학원 졸업 자유미술가협회에 <소와 소녀>를 출품해 협회상을 받다.
1943년	자유미술가협회에 <망월>을 출품하여 태양상을 받다.
1945년	현해탄을 건너온 마사코와 그해 봄에 결혼 (마사코에게 한국 이름으로 이남덕이라고 지어 주다.) 8월 15일 해방을 맞이하다.

1946년 구상 시집 『응향』의 표지화 작가로 문초를 받다.
첫아들이 태어났으나 디프테리아로 죽다.

1947년 둘째 아들 태현 태어나다.
모스크바에서 온 평론가로부터 유럽의 어떤 대가들에 비해
손색이 없는 화가라는 평을 듣다.

1949년 셋째 아들 태성 태어나다.

1950년 6.25 동란. 가족들과 함께 부산으로 피난 오다.
부산에서 부두 노동을 하다.

1951년 1월, 가족들과 함께 제주도로 가다.

1952년 종군 화가단에 입단
아내와 아이들이 일본으로 떠나다.

1953년 시인 구상의 도움으로 선원증을 얻어 동경에 갔으나,
일주일 만에 돌아오다.

1954년 정부가 서울로 환도하자 서울에 오다.

1955년 1월, 미도파 화랑에서 전시회를 열다.

1956년 영양실조와 간장염으로 적십자 병원에 입원.
9월 6일 아무도 지켜보는 사람 없이
홀로 숨을 거두다.

이중섭 화가의 그림

① 〈소년〉, 26.2cm×18.3cm, 1943-1945년

② 〈애들과 물고기와 게〉, 25.8cm×19cm

③ 〈아이들〉, 9cm×15.1cm, 연도 미상

④〈닭과 가족〉, 36.5cm×26.5cm, 1954~1955년

⑤〈호박〉, 39cm×26.5cm, 15.5cm×25.5cm, 1954년

⑥〈투계〉, 28.5cm×40.5cm, 1955년

*①, ②, ③, ⑤, ⑥ 국립현대미술관 소장

어린이를 사랑한 화가
이중섭

초판 1쇄 인쇄 2023년 6월 9일
초판 1쇄 발행 2023년 6월 16일

글 강원희
펴낸이 이범상
펴낸곳 (주)비전비엔피 · 그린애플

기획 편집 이경원 차재호 정락정 김승희 김연희 박성아 박다정 김태은 박승연
디자인 최원영 허정수 이설 김현진
마케팅 이성호 이병준
전자책 김성화 김희정
관리 이다정

주소 우 04034 서울특별시 마포구 잔다리로7길 12 (서교동)
전화 02) 338-2411 | **팩스** 02) 338-2413
홈페이지 www.visionbp.co.kr
인스타그램 https://www.instagram.com/greenapple_vision
포스트 post.naver.com/visioncorea
이메일 gapple@visionbp.co.kr

등록번호 제2021-000029호

ISBN 979-11-92527-33-8 74800
　　　　979-11-976190-0-7 (세트)

ⓒ 2023 글 강원희

· 값은 뒤표지에 있습니다.
· 잘못된 책은 구입하신 서점에서 바꿔드립니다.